元宇宙
图说元宇宙

人类文明的未来 100 年

子弥实验室
2140
著

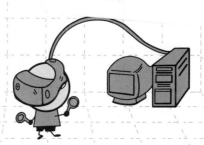

北京大学出版社
PEKING UNIVERSITY PRESS

内容提要

什么是"元宇宙"?

多元世界、虚实共生、沙盒游戏、无限创造、数字人生、创世系统、私钥经济、意识进化、高度沉浸……这些全新的概念将在这个新世界出现。

"元宇宙"是重启新文明的"元叙事",是人类对乌托邦世界的思考和实践,技术、理想、权力、资本与人性的较量将在元宇宙中展开,同时,元宇宙也会促进基础数学、信息学、生命科学、区块链、量子计算等学科的深入研究和交叉互动。

本书以简单易懂的文字,搭配轻松诙谐的原创漫画,让更多人理解什么是元宇宙的"宏架构",了解从原子到比特的逻辑,明白智能合约、数学及 NFT 之间的关系,用图片解析未来世界,让你轻松走进虚实共生的数字时空,解锁人类新文明,设计属于自己的元宇宙。

图书在版编目(CIP)数据

元宇宙. 图说元宇宙 / 子弥实验室,2140著. — 北京:北京大学出版社,2022.1
ISBN 978-7-301-32780-7

Ⅰ.①元… Ⅱ.①子… ②2… Ⅲ.①信息经济 Ⅳ.①F49

中国版本图书馆CIP数据核字(2021)第271785号

书　　　名	元宇宙 图说元宇宙 YUANYUZHOU TUSHUO YUANYUZHOU
著作责任者	子弥实验室 2140 著
责 任 编 辑	张云静 刘 云 杨 爽
标 准 书 号	ISBN 978-7-301-32780-7
出 版 发 行	北京大学出版社
地　　　址	北京市海淀区成府路205号　100871
网　　　址	http://www.pup.cn　　新浪微博:@北京大学出版社
电 子 信 箱	pup7@pup.cn
电　　　话	邮购部 010-62752015　发行部 010-62750672　编辑部 010-62570390
印 刷 者	涿州市星河印刷有限公司
经 销 者	新华书店
	880毫米×1230毫米　32开本　12.75印张　290千字 2022年1月第1版　2022年1月第1次印刷
印　　　数	1-20000册
定　　　价	99.00 元(全两册)

未经许可,不得以任何方式复制或抄袭本书之部分或全部内容。
版权所有,侵权必究
举报电话:010-62752024　电子信箱:fd@pup.pku.edu.cn
图书如有印装质量问题,请与出版部联系,电话:010-62756370

Metaverse
元宇宙

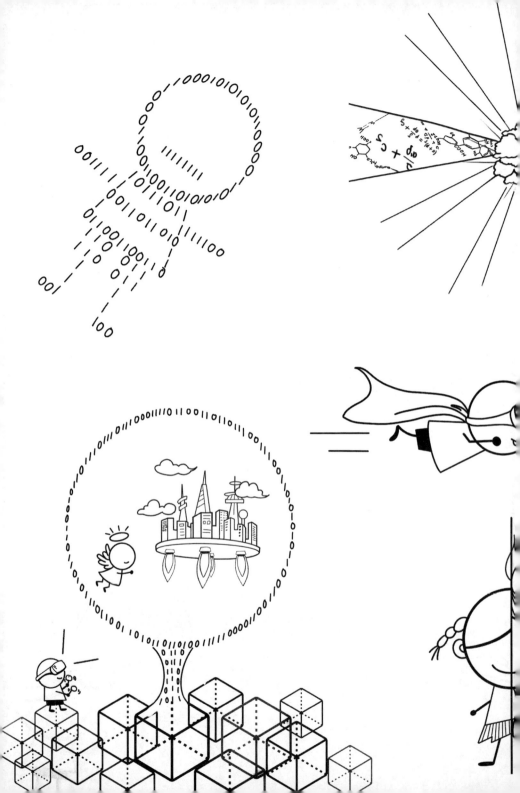

元宇宙——后互联网时代的新纪元

有些概念就和有些人一样,一出现就会卷起巨浪。

有些人,不管你是喜欢他还是讨厌他,都必须承认,他本身就有着天然的蛊惑人心的魅力。

有些概念也一样,如"元宇宙",这三个字天然带着直击人心之力,它与时代同频形成共振,踩着技术的节奏,可以掀起时代的巨浪。

进入后互联网时代后,时刻都在诞生新概念:Z 世代、二次元、人工智能、区域链、XR 技术(VR、AR、MR)、ICO、DeFi、NFT……但像"元宇宙"这样一出现就直接"破圈"、争议激烈的概念极其罕见。特别是在 Roblox 上市之后,"元宇宙"立即引发关注。

那么,元宇宙到底是什么?是 21 世纪的"出埃及记",还是未来漫游指南?

它是关于未来世界生活方式的综合想象,至今为止没有谁能完整定义它,互联网巨头都非常看好它,如扎克伯格将 Facebook 直接更名为Meta，但是很多人认为扎克伯格的Meta仍然不是元宇宙该有的样子。

一千人眼中有一千个哈姆雷特，一千个体验者眼中就有一千种不同的Metaverse（元宇宙）。元宇宙是一种不确定的存在，却符合很多人对未来的期许。每个人心中都有一个自己的元宇宙，侧映着元宇宙多角度、多层次的面孔：

有的人希望在元宇宙中找到极致体验，弥补现实的遗憾，
有的人则希望在元宇宙中躲避世俗的纷扰；
有的人希望在元宇宙中与偶像亲密互动，
有的人则希望在元宇宙中组织社团，让自己成为闪耀明星；
有的人希望在元宇宙中圆学霸之梦，进入世界名校学习，
有的人则希望在元宇宙中躺平，将游戏和劳动融为一体；
有的人希望在元宇宙中找到新的商机，开创新的商业帝国，
有的人则希望在元宇宙中完成英雄梦，创造自己的第二人生；
有的人希望在元宇宙中收获爱情，避免尴尬的相亲约会，
有的人则希望在元宇宙中发行Token，满足去中心化的个人追求；
有的人希望在元宇宙中融合DeFi、IPFS、NFT等数字金融技术，
有的人则希望在元宇宙中设计属于自己的新世界；
……

不同的人有不同的期许，元宇宙能容下不同人的不同梦想吗？能容下世间所有截然不同的灵魂吗？

对于如此多样甚至截然相反的期许，元宇宙就像是量子力学中的

波函数，它会在不同的人那里坍缩成不同的样子。元宇宙是每个人想象中的未来世界，原则上可以有无限个叠加态，每个人想要的独特元宇宙，都是完整元宇宙的一部分。

每个人都可以把自己对元宇宙的期待叠加起来，就像世上本来没有路，走的人多了，也便成了路。元宇宙也一样，叠加的梦想多了，也就有了真正的元宇宙。

最终的元宇宙，它不是任何人的元宇宙，但又是符合所有人期许的元宇宙。

当然，元宇宙在它的互动博弈中，必然形成一些技术和文化特征，如去中心化、虚实共生、数字身份、智能合约、非同质化通证、加密经济……

随着时间流逝和人类新技术的诞生，以后可能还会增加共性列表，毕竟，元宇宙充满了各种可能性。

薛定谔的元宇宙，也就是无数叠加态的时空最终会坍缩成莱布尼茨式的"可能世界"，那么什么是"可能世界"？

在数学家莱布尼茨的理论里，本来有无穷无尽的不一样的世界，各个世界完美程度不同，但上帝选择了其中最完美的可能世界，也就是我们的现实世界。

在诸多可能的元宇宙世界中，市场博弈结果会挑选出一个最好世界，最好世界的模样最终很难弄清楚，也许只有当元宇宙形成的那一刻才能揭晓。莱布尼茨用逻辑论证了上帝创世会选择一个最好的可能世界，那么人类创造的这个"元宇宙"，最终会是一个最美好的世界吗？

目录
CONTENTS

1 小王子的传说 013

宇宙漫游起因 014
无聊的国王 015
自以为是的人 016
无法清醒的酒鬼 017
滑稽的商人 018
忙碌的点灯人 019
引路的地理学家 020
抵达地球 021

2 世界是"元"的 031

全球化：元宇宙的前一个元叙事 036
元宇宙是否具有元叙事的潜力 037
世界是"元"的 042

3 什么是元宇宙 044

什么是元宇宙 045
互联网巨头眼里的元宇宙 051
元宇宙的前世今生 055
企业元宇宙 060
城市元宇宙 061

4 元宇宙与人类进化 064

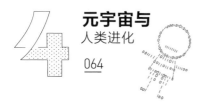

文明跃迁概述 066

真核生物大爆炸 070

麦克格雷迪大爆发 071

智能/元宇宙大爆发 073

人类增强 075

原子数字化 078

5 硬体·软体·意识 082

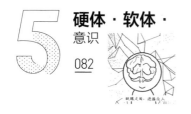

硬件与元宇宙 087

计算与元宇宙 090

网络与元宇宙 096

数据与元宇宙 099

意识与元宇宙 102

6 元宇宙的"十一维" 106

第一维　价值观　107

第二维　世界设定　109

第三维　超现实治理　110

第四维　数字身份　112

第五维　经济体系　114

第六维　开源创造　116

第七维　虚实共生　117

第八维　全生态进化　119

第九维　多重人格社交　120

第十维　物理沙盒　122

第十一维　非线性时空　124

7 智能合约·数学·NFT

126

Meta是反元宇宙　128

私钥即一切　131

什么是智能合约　134

什么是NFT　139

数学契约论　144

8 宏架构：从原子到比特

149

9 一个万亿美元的机会

163

新大陆与元世界　164

元经济学　166

利益共同体　170

"魔法"变现　173

元稀缺　175

011

10 2140：元宇宙的一天
178

11 忒休斯之人
198

不断延伸　199

元宇宙之上，也是元宇宙吗　205

元宇宙之下，还有元宇宙吗　212

选择比特还是原子　213

谁才能活下来　215

12 元宇宙的尽头
218

参考文献　230

1

小王子
的传说

Metaverse

很久以前，在一片人烟稀少的沙漠里，我遇到了一个神秘的小王子，他给我讲了怎么来到地球的故事，我没办法分辨故事的真伪，因为他的故事很浪漫奇异但又符合逻辑，没有任何破绽，就像一个高度仿真的游戏一样，他穿越宇宙时经过的每一个星球，其实都是一个独特的元宇宙。

今天，让我们沿着小王子的足迹，看他是怎样走过这段旅程的吧。

 宇宙漫游起因

小王子原本住在一个叫作 B612 的小星球，他每天可以看很多次日出。小星球上有三座小火山，但他一般不会登上那三座小火山，因为小火山海拔比较高，站在山顶一眼就看到了星球的尽头。

在这个星球上，小王子最喜欢的是玫瑰花，但玫瑰花性格敏感而骄傲，这种性格让她伤害了小王子。于是，带着些许感伤，小王子告别了 B612 星球，登上飞船，开始了宇宙漫游之旅。

无聊的国王

小王子离开了自己居住的星球,来到第二个星球,这也是他到达的第一个星球,它叫325星球。在这里,他遇到了一个奇怪的国王。

这个国王看起来很孤独,他喜欢让所有人都听他的命令,但他没有一个臣民。

这个国王称自己统治了这个星球上的一切,可这里除了一只年迈的老鼠外,什么都没有。国王喜欢命令别人,但管不了别人打哈欠。

小王子觉得这个国王和这个星球很无聊,于是他离开了。

自以为是的人

小王子离开325星球后,又到了326星球。在这里,他遇到一个虚荣的人。

这个人很喜欢听赞美之词,他认为所有人都应该对他表示赞赏。但他比325星球上的国王还可悲,因为这个星球只有他一个人。

别人只要为他鼓掌,他就会频频脱帽致意。

小王子觉得这真是个奇怪的人。

无法清醒的酒鬼

离开 326 星球后，小王子又到了 327 星球，这里住着一个可笑的酒鬼。

这个酒鬼看起来浑浑噩噩的，却与普通的酒鬼不一样。

别人嗜酒只是爱喝酒，而他嗜酒是为了消除羞愧。

可他为什么会羞愧呢？因为他每天都会喝醉酒。

于是，他为了忘记醉酒的羞愧而喝酒，喝酒后又会醉酒，这更加让他觉得迷茫和伤心了。

这好像是一个永远没有办法清醒过来的悲伤梦境，酒鬼不停地重复着喝酒—羞愧—再喝酒的状态。小王子不知道该如何帮助他，只能离开这个星球。

滑稽的商人

　　小王子去了三个星球，遇到的人都很无聊。每个星球都这么无趣吗？他很困惑，于是他又游荡到了第四个星球。这个星球叫328星球，这里住着一个滑稽的商人。

　　这个商人总是忙着做加法运算，他要统计宇宙里的星球数量，以致他忙到没空说话，甚至连抬头的时间都没有。

　　他以为数到五亿颗星星，便能拥有五亿份财富，这是一份"空头支票"，写满了逐利的欲望与贪婪。

　　这个商人生命的全部，就是那些虚无的数字。

忙碌的点灯人

在进行了漫无边际的飞行后,宇宙飞船又载着小王子到达了第五个星球,329 星球。在这个星球上,小王子遇到了一个点灯人。

小王子发现,这个点灯人总是在反复点亮和熄灭路灯,每隔一分钟就会重复一次。

因为日夜交替由他掌控,所以他格外忙碌和疲惫。

这个点灯人很认真地对待自己所做的事,不允许自己出现任何差错,从这点看,他会是一个很好的朋友,但他只会周而复始地重复做一件事,他的天地太狭小了,容不下第二个人。

引路的地理学家

小王子很想见识一个与众不同的星球,想看到有趣的事物,他来到了第六个星球,这个星球叫 330 星球,这里住着一个地理学家。

这个地理学家知道哪里有海洋,哪里有城市,哪里有群山,哪里有沙漠。

他好像无所不知,但他对自己的星球却一无所知。

他看起来充满了知识和智慧,却缺乏实践的能力。

这个地理学家为小王子指了一条路,他说地球遐迩闻名,去那里一定能找到好朋友。

抵达
地球

在地理学家的指引下,小王子最终来到了地球。小王子看到这个蓝色的星球很兴奋,激动地控制飞船,降落在大沙漠中。

沙漠里荒无人烟,放眼望去,是看不到尽头的连绵沙丘。走了很久,他没有遇到人,只遇到了一条蛇。

小王子和蛇对话,但蛇说话很像在说谜语。

小王子只好继续向前走,他又遇到了三片花瓣的花儿,孤独地长在沙漠里。四周空无一物,没有任何依靠,它显得那样孤单。

小王子向它打听人类的踪迹,但花儿什么也不知道。

小王子发现这里也有高山,但他发现爬上这里的高山并不能看到整个地球。

这里跟 B612 星球不一样,在这里,小王子只能与孤独的自己对话。

幸运的是,在继续向前时,小王子遇到了一只小狐狸,并用耐心

征服了它,与它成了亲密的朋友。

小王子跟着小狐狸发现了一个玫瑰园,那里有无数朵盛开的玫瑰。

原来玫瑰不是独一无二的,但玫瑰说出了真爱的道理。

小王子终于明白,玫瑰与玫瑰也有不同,曾经那朵玫瑰才是他的唯一。

与小狐狸分别后,小王子遇到了一个卖止渴药丸的商人。

吃了药丸就不用再喝水,一个星期可以节省出53分钟用来行走。

小王子不明白,虽然药丸可以止渴,但为什么不花费53分钟慢慢走向一汪甘泉呢?那不是很幸福的事吗?

小王子继续前行,于是我们相遇了。

小王子让我画一只小羊,但我画了一条巨蟒,巨蟒肚子里还有一头大象。

很神奇,他好像看出来我画了什么,他说自己只需要一只羊。

最后我画了一个箱子,那只羊就住在箱子里。

因为我的飞机出了故障,我们刚好有时间认识并成为朋友,至少在前进的路上,我们都不会那么孤独。

在路上,小王子讲起了自己奇特的经历,从 B612 行星讲到地球。他终于有些口渴,我们一起在荒漠中找到了一口井。

后来,我修好了我的飞机,小王子刚好来到地球一周年。

是到了离别的时候了。

长途跋涉,小王子的躯体已经承受不住旅程的辛苦。小王子想起了那条蛇。那条蛇曾说被它碰触的人,就能立即回到家乡,而且不会痛苦。

只要碰触一下,就能见到B612星球的一切,包括那朵玫瑰花。

小王子决定向那条蛇求助。

蛇盘上小王子的腿。

小王子晕倒了,一点响声都没有。

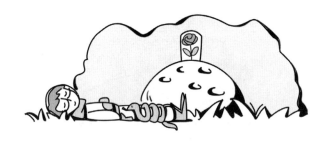

我也回到了我的家乡,我的同伴们很高兴,因为我还活着。

但那时我很悲伤,因为我不确定小王子在哪里。

我隐隐听到背后有人说话:"请给我画一只羊……"

我转过头去,不见人的踪影。

回过头时,耳边又传来他清澈熟悉的声音:

"被那条蛇咬后,我重新回到了 B612 星球,我又登上了那三座小火山,和我的那朵玫瑰花和解,这段旅程很精彩,在星际中自由遨游,探索一个个奇特世界,也许在不久的将来,我还会再走一遍我的'元宇宙'。"

小王子的世界原来叫"元宇宙"。很明显,他的世界与我们观察到的宇宙有点不一样。那是独属于小王子的天地,独一无二。

这就是"元宇宙"吗?好像和我们想象的赛博朋克、VR 武装有

些不同。小王子的世界,是一个童话世界的元宇宙;阿西莫夫的"基地",是一个深邃银河的元宇宙;斯皮尔伯格的"绿洲",是一个虚实融生的元宇宙……

大众媒体描述的元宇宙,基本上千篇一律:它有点像游戏《头号玩家》,戴上 VR 设备后进入一个虚拟世界,这个世界是开源的,可以自由创造,像无限开放的沙盒游戏,同时拥有一套独立经济系统,其中数字资产是稀缺的,在这个世界里,没有一个绝对主宰者……

总体来说,大众媒体描述的元宇宙有以下特点。

- 独立于现实世界,又和现实世界相关的沉浸式数字世界;
- 有更高的自由度,每个人都是架构师;
- 有一个稀缺又能带来实际价值的经济系统;
- 去中心化的治理方式,没有绝对的垄断与权威;

……

以上这些特点,只是大众媒体描述的元宇宙。

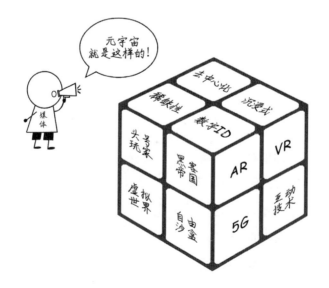

由于元宇宙本身的宏观性、创造性、长期性、幻想性和未来性，使每个人心中，都有一个自己的"元宇宙"。

本质上，"元宇宙"这三个字想要给你讲一个故事，一个即将发生的故事，一个虚构的伟大故事，但它自己什么都不说，所有的情节都要靠你自己脑补。

每个人心中都有一个自己的元宇宙。

尤瓦尔·赫拉利在《人类简史：从动物到上帝》中提到，人类之所以成为地球主宰，秘诀在于人类能创造并且相信某些"虚构的故事"。

元宇宙并没有那么容易实现，所以从现在开始，人类应该思考如何讲好故事。那么，什么是人类讲故事呢？

如果一只大猩猩对另一只大猩猩说，你把这根香蕉给我，死后就会进入天堂，那里有吃不完的香蕉，大猩猩不会相信这样的故事，只有人类才会有这种想象力，才会因此崇拜上帝或者真主。

"讲故事"和"相信故事"的能力，是原始部落展开大规模协作的前提。人类靠"讲故事"的能力，创造了国家、公司与货币。

如果有一个人拿着这样一张绿颜色、上面印着人像的纸，告诉你这张纸价值十根香蕉,你相信他,我也相信他,大家都相信他,那么这张纸就真的能买到十根香蕉。这些都不是客观的存在,却展示了人类讲故事的能力。

元宇宙,就是在给人类讲述一个故事。

一个汇集了自工业时代以来的所有美好与进步的故事。

而且,这个故事够庞大,够美好,够贴近现实,是一种强大的"元叙事"。

世界是"元"的

Metaverse

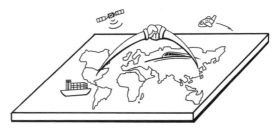

人类创造了那么多词语,为什么"元宇宙"这么吸引人?
贴近自我的语言很多,为什么"元宇宙"能够击中人心?
讲故事的构架也很多,为什么"元宇宙"这么宏大?

这一切问题的答案,都是因为这三个字是一种"元叙事"。
那么,什么是"元叙事"?
元叙事是关于"永恒真理"和"人类解救"的故事,是一种对未来进程有始有终的构想。它的产生动机源于对人类发展前景所抱有的某种希望或恐惧,具有预言性、趋同性、目的性、终极性和统一性。

例如,爱因斯坦的"大统一理论",是物理学的"元叙事";
笛卡尔寻找万能方法,是数学圈的"元叙事";
莱布尼茨开发"普遍语言",是语言学的"元叙事";
……

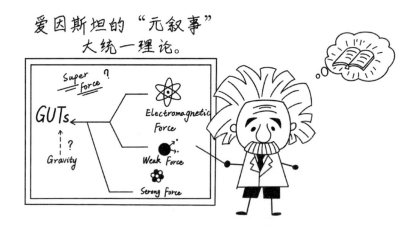

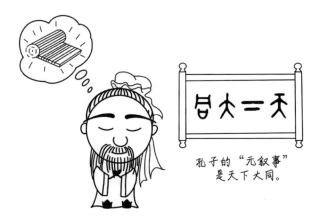

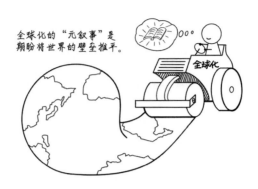

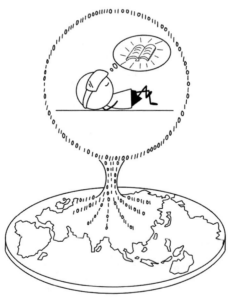

元宇宙和其他的"元叙事"概念具有相同逻辑,它追求的也是构建一个"美丽新世界",具有"元叙事"的如下五大特征。

· 预测未来世界
· 追寻终极目标
· 产业利益趋同
· 统一前进方向
· 构建多重世界

一个得到更多人认可的"元叙事"将是人类前行的基石,指引更多人向一个理想目标坚定前行。

全球化：元宇宙的前一个元叙事

为了更好地理解元宇宙的元叙事，我们可以先来了解人类最近的一个元叙事：全球化。

乘坐汉莎航空公司公务舱的托马斯·弗里德曼从美国出发，经由法兰克福一直向东飞行，飞往印度。从座位扶手弹出来的屏幕上，通过 GPS 定位地图，可以看到飞机前进的方向。回到美国之后，弗里德曼悄悄地在太太耳边说："亲爱的，我发现这个世界是平的。"

这是美国经济学家托马斯·弗里德曼的著作《世界是平的》中的记录，也是对"全球化"这个元叙事最准确的描述。

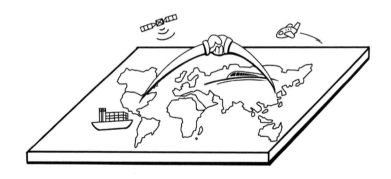

"全球化"的元叙事从诞生到发展到最高峰，共花费了近 50 年的时间。借助工业时代的技术条件，"全球化"这个元叙事为人类提供了一种美好的想象，即在这个叙事的驱动下，可以逐个实现以下目标。

- 供应链全球化
- 财富全球化
- 军事全球化
- 文化全球化
- 信息全球化（互联网技术支持）

"全球化"这一叙事最终达到了部分目的：美国在很长一段时间内成为全球化秩序中金字塔尖般的存在，懒洋洋地收割着全世界更多的财富。

但与此同时，全球化从客观上也帮助了很多国家，促进了整个世界的发展，中国就是全球化过程中的受益者之一，已经成为世界第二大经济体，正向中等发达国家水平前进。

这就是元叙事的力量，讲好一个虚构故事，提供一个美好愿景，将原来残酷的丛林法则改写成美好的童话故事。

元宇宙是否具有元叙事的潜力

当"元宇宙"这个概念问世时，为什么全世界都为之疯狂？互联网大厂对其趋之若鹜，小公司竭尽全力寻找入局机会，无数互联网群众纷纷翘首期盼。

元宇宙之所以这么"火"，主要有以下原因。

全球化已经沦为"旧叙事"

作为曾经元叙事的"绝对主力",全球化几经波折已成"迟暮老人"。曾经期待地球是"平"的,如今种族主义和民粹主义兴起,贸易壁垒再现,再加上新冠肺炎疫情肆虐,世界不可避免地再次进入一个相对封闭的状态。

曾经向往的"全球化"的时代逐渐远去,而"反全球化"思潮开始涌动。所以人们迫切需要一种全新的元叙事。

元宇宙既能够促进人类物质上的再一次发展(各类新兴科技产品诞生),也能满足人类精神上的需求(虚拟世界的全球化),它成了全球化最好的替代品。

互联网发展遭遇瓶颈

从 Web 1.0 到 Web 2.0,再到移动互联网,作为"全球化"最强大的承载工具,互联网在享受了几十年的红利后,也遭遇了瓶颈。

当前互联网产业的平台形态已发展到了一定程度,出现了严重内卷,现在需要一个新突破来为其注入新的生机。用一句话来调侃,那就是"互联网失去了梦想"。

元宇宙刚好能够帮助互联网打破桎梏,走出内卷。

无论是物理世界还是互联网,基本上都服从泡利不相容原理,而元宇宙有可能更类似量子理论,它可以实现人类多重人格的裂变,在多元宇宙或者平行世界自由穿梭。

技术聚合的质变

元宇宙的概念早在美国科幻小说《雪崩》中就被提及,但当时并没有引起像现在这样的热议浪潮。

究其原因，很重要的一点是技术没有跟上想象的步伐。二十多年过去，许多看似不可能实现的技术，目前正在逐步突破，具体如下。

- 5G 技术为元宇宙提供了通信基础。
- 云计算为元宇宙提供了算力基础。
- 脑机接口、XR 技术为元宇宙提供真实的沉浸感。
- 人工智能为元宇宙提供内容生成逻辑。
- 数字孪生为元宇宙提供了世界蓝图。
- 区块链为元宇宙提供认证 / 信任机制。

这些创新技术逐渐聚合，发生质变，让曾经触不可及的"元宇宙"有了实现的可能，最终构成了一个体系，组合成一个新世界。

《头号玩家》《失控玩家》《西部世界》等科幻作品，已经展现了这个世界的影子。

◆ 科幻时代的来临

在元宇宙中，可以用科幻定义世界，只要能想到，技术就能做到。技术的爆炸式发展使得科幻与科技只有咫尺之遥。在新的世界中，真实世界和虚拟世界、物理世界和想象世界将会融合在一起。

"元宇宙"的概念本身就富有科幻色彩，它诞生于科幻小说《雪崩》，并时常在各类科幻作品中出现，成为一种独特的科幻现象。《真名实姓》《黑客帝国》《神经漫游者》都有元宇宙的影子。

当科幻时代来临，元宇宙自然备受青睐。

科幻是科技发展创意的重要源泉。

◆ 互联网世界的原住民必然的进化方向

互联网的出现让人们的生活方式发生了巨大改变，让人们可以在物理世界和虚拟世界中穿梭。

如果人体从真实的费米子物质变成了玻色数据信息,那么我们的移动速度就是光速,地球上的空间距离将不再是我们面对面交流的障碍。

通过数据仿真和设计,元宇宙继承了互联网时代的全球化,同时作为更高级的虚拟世界——可编辑开放、数字孪生、虚拟仿真、高沉浸度社交、创造性游玩,它将是互联网世界中原住民进化的方向。

于是,元宇宙在 2021 年出现,必然具有"元叙事"的潜力,但能否真正创造人类新文明,还值得期待和观察。

元宇宙那一边是否是世外桃源?你愿意去体验吗?

世界是"元"的

在人类发展史中,我们是如何看待这个世界的?其实这个过程很曲折。

在15世纪前,多数人会认为地球是"平"的,这种"平"是因为人类活动范围的局限。在现代科学崛起之前,即便是毕达哥拉斯、亚里士多德这样的智者,也没有能力说服其他人。那时候人们心中的地球是"平"的。

15世纪,大航海时代来临,一些冒险家开始对未知的领域进行探索,1519—1521年麦哲伦率领船队首次环航地球,人们发现沿着一个方向出发,真的可以回到始发位置。原来地球是"圆"的。

这个时候的世界,并没有被完全连接起来,直到世界经历"二战"后建立起了布雷顿森林体系,国家之间的联系开始紧密起来。时间继续向前,自由贸易兴起,柏林墙倒塌,冷战结束,然后是万维网的出现,将世界连成一个整体。

托马斯·弗里德曼对他太太说"世界是平的"之后,写下了《世界是平的》这本书,引发高度关注。

于是,世界从"圆"的又一次变回了"平"的,这是因为世界连接得更紧密。

历史的车轮再一次转动,"元宇宙"带给人类一种全新的想象,它几乎聚合了最完整的科技产业链,尽管有很多争议,但很难有人阻挡它的到来,因为它是未来世界的"最大公约数"。

世界从"平"的又变为世界是"元"的,这一过程说明技术是不可阻挡的,"元宇宙"这一概念的产生,有以下几个动力。

第一大动力是不确定性。物理世界存在很多不确定性,如病毒的困扰、环境的恶化、人性的分裂,阻断这一切的最好方法是进入元宇宙。

第二大动力是人工智能的发展。程序化的建模,使得互联网能够持续有效地创建和更新虚拟环境,使"即时建筑"成为可能。

第三大动力是飞行设备的普及。飞行设备的普及为我们这种平面生物增加了一个维度,在任何一个位置,定位都会增加一个高度。

第四大动力是模拟现实。不同程度的真实模拟会创造不同的元宇宙,而现实不过是元宇宙的一个层次而已。

第五大动力是分布式的算力部署,使得个体形成真正的网格结构,去中心化成为可能。

第六大动力是在纳米科技等前沿技术驱动下的技术突破,使得设备微纳化成为可能,未来各种设备可以融入服装、植入皮肤,与身体进行无缝融合。

人类各个时期的进化,都是依靠各种推动力完成的。但进化的总体方向是不变的,世界变成"元"的,人类才有可能突破时间(生命长度)的桎梏、空间(地理宽度)的限制,进入一个真正无限的时空。

什么是元宇宙

Metaverse

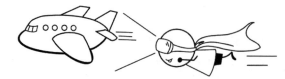

现阶段，元宇宙有以下两个定义。

定义一：元宇宙（Metaverse）由 Meta（超越）和 Universe（宇宙）两部分组成，可以理解为它是一个平行于现实世界的虚拟世界，现实中人们可以做到的事和做不到的事，都可以在元宇宙中实现。

定义二：元宇宙是通过技术手段在现实世界的基础上搭建的承载虚拟活动的平台，用户能进行社交、娱乐、创作、教育、交易等社会性、精神性活动。元宇宙能够为用户提供丰富的消费内容、公平的创作平台、可靠的经济系统、沉浸式的交互体验。

这两个定义都有一些局限，元宇宙与现实世界应该是耦合的，而不是平行的，所以人们在现实世界中可以做到的事，未来都可以在元宇宙中实现。元宇宙不仅能提供精神性活动，也能提供物质性活动，它是一种比特混合原子的杂交模式。

什么是元宇宙

元宇宙不是另一个空间,
而是我们身边的一切。

元宇宙不是天堂,
而是一个去中心化的世界。

✦ 元宇宙是超越宇宙

在科幻小说《雪崩》之中,每个人都可以用虚拟化身进入一个三维虚拟空间,在那里与其他人和系统人工智能进行交互。作者尼尔·斯蒂芬森给这个虚拟现实版本的下一代互联网起了个名字,叫作元宇宙。

一方面,原则上,元宇宙可以在虚拟世界实现一切在现实中能实现的社会行为,包括社交、娱乐、上学、购物,甚至是购买虚拟房产等。

另一方面,在元宇宙中,又可以感受现实中做不到的事情,如身着火焰织成的长裙跳舞,或者穿上钢铁侠的战甲在宇宙中飞翔……

在斯蒂芬森的描述中,元宇宙的用户可以通过多种设备访问元宇宙,如能够模拟360度环绕全景的护目镜、耳机和其他便携式终端,给人们带来视觉、听觉甚至触觉的全方位体验。

随着科技的发展,这些在当时很有趣的科幻情节,现在已经被VR头盔等设备实现。帷幕再一次被拉开,互联网的"下一代"——元宇宙将正式登场。

 元宇宙是开源宇宙

不同于叠加在真实世界之上的AR,元宇宙虽然也会有现实世界的元素,但它展现的现实副本或衍生物是可以被用户定制的。

2003年,美国的林登实验室推出了一款游戏——《第二人生》,在这款游戏中,林登实验室创造了一个虚拟的崭新"星球",将山川河流、城市、居民及社会生活都呈现出来,用户登录游戏后,会感觉自己是在一个神奇的"未来世界"中生活。

《第二人生》被看作是现实版的元宇宙的雏形。游戏中玩家可以交流、玩耍、买卖，最关键的是，这个游戏中的大部分场景都是原住居民自建的，而不是游戏设计者创建的。林登实验室提供了一个3D建模工具，任何玩家都可以利用它制造出建筑、家具、交通工具等，这些东西可以自己使用，可以交换，也可以出售。

当"元宇宙"的概念在资本市场升温后，美股中被称为元宇宙第一股的Roblox异军突起。Roblox也提供了一套易上手的低门槛编辑工具，玩家可以使用这个工具设计自己游戏中的物品。

"可定制"提高了玩家的参与度，也意味着元宇宙不是一个被设计好的普通虚拟空间，而是一个开源的、等待被玩家创造的、充满无限可能的崭新宇宙。

当然，为了提升用户体验，即便是开源宇宙，也并非一切都由用户来创造，官方一般会预设好背景环境。

在现实世界中，我们改造山川河流，形成城市和村落，是为了更好地生存和生活。同样，我们进入元宇宙进行建设，也是为了在虚拟世界获得更好的用户体验，甚至还可以联动现实生活，进而影响到真实世界。

"Meta"除了超越之外,本身还包含了一种未完成的意思。宇宙本身是可生成、可创造的,元宇宙也是如此。如果我们每个人都参与元宇宙的建设,就可以生成一个梦幻般精彩的虚拟世界。就像互联网发展到今天依赖的是众多的程序建设者和内容创造者一样,如果元宇宙时代到来,那么它也一定是开放的,是属于每一个人的。

◆ 元宇宙是下一代计算平台

现代科技每经历一次交互方式的改变,都会形成平台升级。

一般认为,个人计算机和早期互联网就是最早的计算平台,它们是人类进入数字世界的钥匙。

手机和移动互联网紧随其后,形成了第二波信息科技浪潮,打开了人类进入数字世界的大门。

VR眼镜、智能耳机等穿戴设备目前正处于发展时期,它们将取代手机这种单一信息平台,元宇宙将成为下一代计算平台。

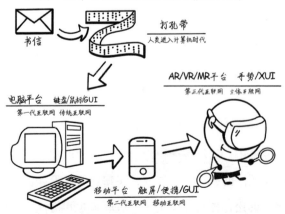

互联网巨头眼里的元宇宙

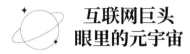

◆ 扎克伯格：元宇宙是更自然地参与互联网

今天的移动互联网已经可以满足人们从起床到睡觉期间的各种需求了，所以元宇宙并非是让人们更多地参与互联网，而是让人更自然地参与互联网。

这个进化的核心动力，就是体验。元宇宙并不是游戏，而是移动互联网的继承者。每个人都可以使用不同设备，以不同的保真度水平去访问元宇宙。

元宇宙将是一个永续的、实时的、无准入限制的多终端环境。在元宇宙里，你不是只观看内容，而是整个人都可以沉浸在其中。

2014年，Facebook以20亿美元收购Oculus。2020年年底，彻底无线化的Oculus Quest成为VR设备销量冠军，并很快达到了年出货量千万台的奇点。Facebook也开放了VR社交平台"Horizon Worlds"。2021年，扎克伯格在采访中说，Facebook预计在五年内从社交公司转变为元宇宙公司。

◆ 蒂姆·斯维尼：元宇宙是一个开放世界

蒂姆·斯维尼（Tim Sweeney）是著名游戏公司Epic Games的CEO（首席执行官），也是反对苹果公司霸权的代表人物，曾经对苹果公司发起反垄断诉讼，导致公司的3D引擎被苹果商店下架。他坚定认为元宇宙也必须打破技术霸权,方能经久不衰。

可以想象一下,假如有好几个不同版本的元宇宙,每个版本都有自己的规则,并且按照平台锁定了我们自己的社交联系——我们在互联网世界或多或少有过类似经历,但是这种自我的割裂,在元宇宙时代是绝对行不通的。

蒂姆·斯维尼希望在数年后,《我的世界》《堡垒之夜》等游戏可以在同一个终端使用,或者在同一个"世界"中彼此可以联系起来。

✦ 大卫·巴斯祖奇：元宇宙是将所有人关联起来的 3D 虚拟世界

Roblox 的 CEO 巴斯祖奇认为元宇宙是一个可以将所有人关联起来的 3D 虚拟世界，人们在元宇宙中拥有自己的数字身份，可以在这个世界里尽情互动，并创造任何他们想要的东西。

✦ 沙恩·普里：元宇宙不是一个空间，是一个"时间"

英国社交网站 Bebo（被亚马逊旗下子公司 Twitch 收购）的 CEO 沙恩·普里认为，大部分人都认为元宇宙是一个虚拟空间，但所有人的看法都错了，元宇宙不是一个空间，它是一个"时间"。

人工智能领域有一个概念"奇点"，指的是未来人工智能比人类更聪明的那个时刻。元宇宙也有这样一个时刻，一个让我们的数字生活变得比物理生活更有价值的时刻。

在 1995 年，比尔·盖茨在某个电视访谈节目中，向主持人解释什么是互联网的情景现在看起来有点滑稽可笑，但转念想来，现在向大众解释元宇宙的概念和当初何其类似？

展望未来，未来已来，元宇宙在我们未觉察时已经悄然而至。

①大卫·莱特曼："互联网是什么？"

②比尔·盖茨："它会变成一个人们在上面发布信息的地方，每个人可以拥有一个主页，各种公司组织也在上面，还有一些最新消息，各种信息都会在上面野蛮生长。你可以给别人发电子邮件，它是一个全新的东西。"

③大卫·莱特曼："你要知道，批判一个你完全不懂的东西总是容易的。几个月前，我听说互联网技术有了重大突破，说是在互联网或计算机协议中他们将会播出一场棒球比赛，你可以在电脑上听这场比赛。然后我心想，这不就是收音机吗？"

⑤大卫·莱特曼："那请问跟录音机有什么区别呢？"

④比尔·盖茨："还是有区别的。在互联网上，你想什么时候听棒球比赛都可以，它是被存储起来的。"

元宇宙的前世今生

1979 年出版的科幻小说《真名实姓》中,开篇有以下设定。

在很久很久以前的魔法时代,任何一位谨慎的巫师都会把自己的真名实姓看作最大的秘密,因为它是对自己生命最大的威胁。一旦巫师的对头掌握了他的真名实姓,随便用哪种普通魔法都能杀死他,无论这位巫师魔力有多么高强,而他的对头有多么虚弱和笨拙。

今天,时代的车轮好像转了一整圈,我们的观念又转回了《真名实姓》中的魔法时代,我们又重新担心起自己的真名实姓来,往往在互联网中越"神通广大"的人,越害怕别人知道自己在现实世界的身份。

作者弗诺·文奇在书中说到的"虚拟世界",其实就是最清晰的"元宇宙"。

我们可以理解为,我们的肉身是自己唯一的弱点,而在"元宇宙"中我们可以拥有一切。

与现实分离的沉浸式体验,一直都只存在于我们的想象中。

赫胥黎在《美丽新世界》中,描绘了一幅完全基于感官刺激的沉浸式媒体图景。被称为"感觉"的电影提供感官刺激,以达到使感官与现实完全分离的程度。这种媒体图景可以让受众身临其境,感受到亲吻、触摸等所有感觉。

《指环王》的作者托尔金,创作的是一种"精灵戏剧",这种精灵戏剧可以让人进入他人编织的梦,进入第二世界,获得第二信仰。

1975 年，斯蒂芬·金出版的小说《割草者》，是第一部建立在"虚拟空间"上的小说，其中可以进行"思维控制物质"的训练。

1984 年，威廉·吉布森的小说《神经漫游者》中提出了一个概念——"赛博空间"。赛博空间模拟人们进入电脑创意空间后的神奇感觉，开创了一种科幻门类——赛博朋克。那是一个属于未来的、不断变化的、极度个性的虚拟世界。

但元宇宙和这种虚拟现实又有什么不同呢？在虚拟的游戏中，元素很丰富，但用户只能在预先设计好的元素里进行选择；而在元宇宙中，人人都可以参与到游戏设计中，人人都可以成为游戏设计师。

1992 年，第一次提及元宇宙的科幻小说《雪崩》讲述了一位名叫 Hiro 的普通披萨送货员，白天送货，晚上化身为虚拟世界"元宇宙"中的超级英雄，这是一个计算机生成的宇宙，计算机将画面绘制在他的护目镜上，元宇宙几乎占用了 Hiro 所有的时间。

也有作品指出，长期沉浸在 VR 中也可能是无益的，它使人们远离社会而转向一个为他们做出决定的人工社会世界。这种观点引发了人们如何参与虚拟体验的思考。

1995 年的电影《21 世纪最后一天》进一步描述了这种体验，影片中的角色莱尼向一位潜在客户兜售一种称为"连线"的神奇技术，当用户戴上这种设备时，设备的传感器会和大脑感知中心接触。记录模式下，连线捕捉佩戴者的感官；回放模式下，连线将存放在其中的感知传递给佩戴者。如果媒体的最终目的是将感官体验从一个人转移给另一个人，那么"连线"可能会让所有的媒体过时。《21 世纪最后一天》捕捉了新数字媒体在当下的矛盾和被关注的焦点，将我们的文化投射到数年之后，以便清晰地审视当前。"连线"只是对虚拟现实的一种幻想外推,其目标不过是无中介的视觉体验,直接从一种意识传递到另一种意识。

随着互联网的发展和沉浸式虚拟体验在大众文化中传播,以"赛博空间"为代表的概念也发生了变化,文艺作品开始喜欢将"赛博空间"描述为高科技下的颓废世界,而"元宇宙"这个极具魅力且偏中性描述的词语将成为下一代沉浸式互联网的代名词。

根据当下技术发展的趋势,信息云无处不在,可以预测未来10年内,也许人们会戴上一种轻便的、可以记录一切的眼镜,随意进出一个虚拟世界,享受元宇宙带来的各种服务。

对于那时的人们而言,这种虚拟与现实交织的感受也许如空气一般自然。这就像20世纪的城市供电和21世纪的互联网,它们由不可能变成了可能,并且它们的存在成了一种正常现象,不存在反而让人觉得难以忍受。

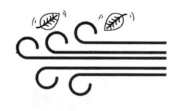

对于人类而言,空气的存在是"天经地义"的。

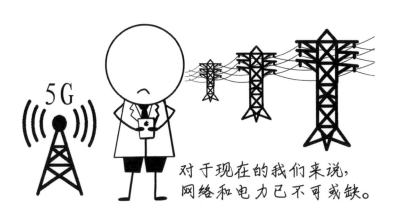

对于现在的我们来说,
网络和电力已不可或缺。

对于未来的我们来说,
元宇宙也是"天经地义"的必需品吗?

企业元宇宙

企业元宇宙这个词最早出现在微软 CEO 萨提亚·纳德拉（Satya Nadella）的一次演讲中，用来描述数字孪生、物联网等一系列元宇宙类产品线（如 Azure）的未来愿景。

众多科技领军人物相信，随着数字世界和物理世界的融合，企业元宇宙必定成为一种新的基础设施。

利用数字孪生技术，企业元宇宙将可以对任何场所和资产进行建模，结合物联网技术，可以确保数字孪生技术保持实时更新。

全球领先的酿酒制造商百威英博，已经使用微软公司的企业元宇宙解决方案，来优化从农场到仓库再到分销的整个运营体系。

金融领域的 ABN AMRO（荷兰最大的银行，经营范围遍布世界）、医药领域的 AmeriSource Bergen（美源伯根公司，美国最大的医药贸易商）、广告领域的 WPP（全球最大的广告传播集团之一），都在使用微软的 Azure Synapse。

致力于提供智慧能源和供水解决方案的美国埃创集团，利用微软公司的 Azure 数字孪生平台模拟了洛杉矶中心区域，使用微软公司自研的混合现实头盔 Holo Lens 可以进入这个模拟区域。面对不可见的管网和线缆，这种全沉浸式可视化的互动模式，或许可以掀起一场行业内作业模式的革命。

城市元宇宙

联合国人类住区规则署曾在 2006 年用城市元宇宙来形容人口超过 2000 万的大城市,在 2011 年用城市元宇宙来描述生态和城市的框架。显然,我们所说的城市元宇宙是一个当下城市的数字孪生。

在无数的科幻电影中,我们可以感受到城市元宇宙的魅力。但要理解真正的城市元宇宙,只通过电影是不够的。

当下,消费者能接触的最真实、最广泛的模拟现实的虚拟空间,是微软发行的《微软飞行模拟》游戏。游戏场景细致入微,为了能对每一个模型进行选定且实现逼真的效果,微软对真实场景进行了高质量的扫描,数据总量高达 250 万 GB,包含 2 万亿棵单独渲染的树木、15 亿座建筑物,以及全球范围内所有重要的道路、山脉、城市和机场。

最关键的是,《微软飞行模拟》游戏是一项实时服务,可以实时更新当前真实世界的天气状况,包含准确的风向、温度、湿度、光线等,甚至还包含空中交通情况。在游戏里你可以飞入现实世界正在肆虐的飓风中,还可以架驶飞机跟随你现实中正在出差的女友乘坐的那架客机。

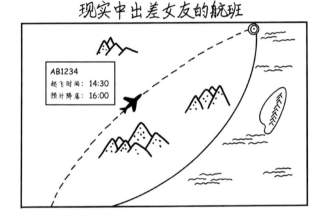

现实中出差女友的航班

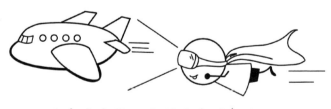

元宇宙中关注出差女友的航班

每个用户进入飞行模拟时,微软会为玩家按需在云端进行渲染,生成实时的数据流,与本地存储的数据结合,这比常规的互联网应用要求高得多,大多数精细的游戏都无法完成这种任务。

我们可以将城市元宇宙的未来愿景分为以下四个层次。

第一层次，模拟城市的真实环境，建立孪生的数字城市。

第二层次，将真实城市中的数据实时同步更新到孪生的数字城市之中。

第三层次，孪生的数字城市中的各项操作，会无差别地由自动机器在真实城市中执行。

最后，我们还会根据不同的需求，创建不同保真程度的城市，通过不同的终端方式进行访问。

因此，城市元宇宙也必须是开源的，而且其中会产生新的社交空间、不同的集体代理、甚至是某种智慧或者生命的新形式。所谓开源，开始是针对软件的共享源代码的开放合作方式，后来引入开源硬件、开源数字内容、开源媒体、开源建筑等概念。

假如开源城市管理者所维护的发布版本，任何公司、团体或个人均可以进行复刻，那么将会发展出很多城市元宇宙分支。在统一开源平台的基础上，建筑形式可以改变，风格也可以调整，甚至可以发展出物理规则完全不同的子世界。

在城市元宇宙中，除了需要接入公共摄像头、物联网传感器、卫星、远程遥感、管网信息等基础设施外，每个人的手机和其他穿戴电子设备，在被允许的情况下，都可以通过一个开放的接口，实时更新自己在城市元宇宙中的位置、身体状况和所看到的城市实景。

在这样的开源城市中，城市元宇宙不仅包括物理城市的建筑设施，还包含了每个城市参与者的思想和情感，每个人都将拥有一个属于自己的城市。

元宇宙与
人类进化

Metaverse

一般认为人类进化始于森林古猿,历经猿人类、原始人类、智人类和现代人类四个进化阶段。

那么现代人类之后呢？假设我们将人类划分为原始人、社会人、半数人、数字人,那么"元宇宙"正是数字人的活动空间,它带来的是文明的跃迁。

原始人

以原始的狩猎和采集维持生活的人。当下,在亚马逊热带雨林、非洲腹地等地,仍然可以见到原始部落。

社会人

指进入文明世界的人,具有自然和社会双重属性的完整意义上的人,适应社会,并逐渐认识自我。他们不再信任丛林法则,而是相信契约精神。

半数人

指穿梭于现实世界与模拟世界之间的人。在信息熵与现代数学理论建立起来的信息时代,半数人一半处于传统的物理世界,一半处于虚拟的信息世界。

数字人

存在于虚拟世界,从实体过渡到虚拟,从有界过渡到无限,从肉体过渡到意识,数字人的产生是一个全面的数字化改造过程。

在"元宇宙"的世界里,数字人将是一个全新的物种,个体的形态是虚拟的。

 文明跃迁概述

与文明进化不同,文明跃迁是一种整体质变。

文明跃迁会动摇社会基础,颠覆大众认知,人们的生活习惯会发生剧变。它并非仅仅是阶级转变,而是会带来全新的社会分层;它并非仅仅是技术进步,而是生产力、生产关系和生产资料的整体调整。

在真核细胞诞生前,地球上的原核生物已经经历了20亿年的进化,形成了放线菌、衣原体、支原体等种类丰富的真细菌。如果没有那场两个原核生物合并重组的大戏,哪怕再过15亿年,原核生物的进化也不会发生根本变化。真核细胞的出现,是5亿年前寒武纪生命大爆发与三叠纪爬行动物大爆发的先决条件。

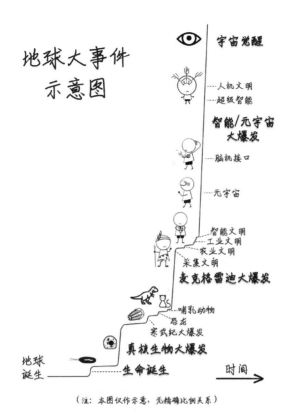

（注：本图仅作示意，无精确比例关系）

地球上的生命经过几十亿年的进化，由真核细胞逐渐演变出了各种生物。

一次偶然的合并，奏响了地球生命演化的华丽乐章

在基因蓝图的指导下，细胞的合作分工演化出了亿万生灵

而麦克格雷迪大爆发并不是简单的细胞堆叠或物理结构的重构，爆发点来自文化，生物不断进化，人类文明开始崛起，人类独有的文化造就了我们人类的与众不同，人类的进化是有目的的劳动、思考、交流、合作。如果没有这些与众不同的物质，怎可能发生让人类社会飞速发展的几次工业革命？

一场文化的洗礼，吹响了人类文明崛起的嘹亮号角

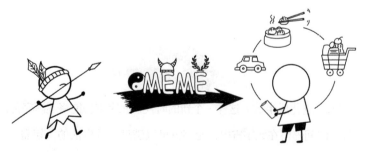

在文化模因的推动下，人类通过文明进化实现了对地球的主宰

这几次工业革命,特别是数字化革命的发生,在不久的将来会造就一个几近完美的数字虚拟世界——元宇宙。

假设利用数字化手段、脑神经科技和外部设备进行自我增强的过程,我们称为人类增强 1.0,在这个阶段,人类完成了虚拟和现实的融合,社会运转也呈现出高度的数字化。依托设备呈现内容,在一定程度上,人类可以在早期元宇宙与现实社会之间穿梭。这个阶段的人类,我们称为半数人。

一系列的科技革命,正在打造引领地球文明腾飞的引擎

人类将进入一个全新的世界,元宇宙只是开始

在人类进化成半数人这样一个新的时代,元宇宙功能将逐渐完善,人类可以长时间停留在元宇宙中,元宇宙可以满足日常生活的一切需求。

换句话说,如果我们的"皮囊"允许思想进入元宇宙,我们就能够做到意识上传,只要元宇宙在,就可以铸造"不死"之身。人类可以选择成为数字世界的精神体。这是人类增强的 2.0 版本。

从生物到文化,再从文化到数字化,这些以纯数字形态存在的人类,我们就称之为数字人。

真核生物大爆炸

在你对荷塘那几片初生荷叶不以为然时,它们会在某一天内以指数级的速度铺满荷塘。这种突然呈现的"爆发"被经济学家称为"荷塘效应"。

生命的发展史也出现过类似的"爆发",人类的文明的突飞猛进也类似这种爆发。

在地球生命诞生后的 20 亿年里,地球只进化出了细菌和古细菌这一类的原核生物,这些最简单的微生物占据着舞台的中心。15 亿年前,一件神奇的事情发生了,原核生物 A 进入了另一个原核生物 B 的体内,A 不但没有死,还与 B 形成了共生关系,这个过程创造出第一个真核细胞,融为一体的 AB 生存下来,创造了一种新的生命。

真核细胞诞生后继续寻找合作伙伴。当它包裹了蓝藻后,叶绿体诞生了,动植物两大进化引擎均已启动,咆哮着推动生命之舟迈向辉煌。

这场真核生物大爆发,到今天依旧没有结束。地球生命的进化是真实世界最为恢弘的史诗,每个物种都是这篇史诗的标点符号。

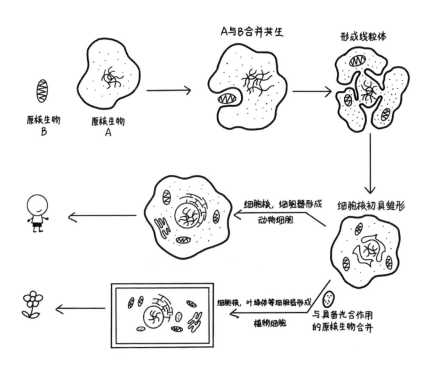

麦克格雷迪大爆发

基因的变异亿万年里一直在发生着。但在一万年前的麦克格雷迪大爆发中,人类从芸芸众生中普通的一员变成了地球的主宰。

一万年前的这次爆发,诞生了第二条"信息高速公路",即"文化"。

人和黑猩猩都属于人科，
一种叫"文化"的东西
让人类进入了发展的高速路。

这一场因为"文化"而产生的进化爆发在生命史上意义深远。从地球生物体系的角度，这场爆发可不是什么好事，人类所到之处大量物种灭绝，从史前的美洲剑齿虎到近代的渡渡鸟，无一幸免。

智能/元宇宙大爆发

1965年，英国数学家古德提出了"智能爆炸"理论。他认为超智能体是智能爆炸后产生的一种超过人类任何智识活动的机器。机器设计也是超智能体的智识活动之一，所以超智能体很有可能设计出更优秀的机器。在正反馈的激励下，很快就会出现智能爆炸，人类的智能会被远远甩在后面。

"智能爆炸"概念在人工智能领域内已占据了主导地位。随着计算机技术的突飞猛进，未来出现超智能体的论调也将会迅速崛起。

例比，2016年，谷歌的人工智能软件AlphaGo战胜人类围棋冠军李世石，随后来自谷歌的AlphaGo系列机器人横扫全球所有围棋冠军，让公众认识到超智能形态的递归式自我改善引起的智能爆炸有多惊人。

人类的进化和人类文明的发展，可以为人工智能的发展提供参考。现代人只用了一万年的时间，就从一种普通的生命成长为统治整个地球的生命。这一万年里人类也只不过进行了500代遗传，从地理变迁和文明发展的视角来看，这是非常短的过程，那么，在不久的将来，人类是否会从物理世界的社会人进化成虚拟世界的数字人呢？

从地球历史来看，人类的进化快到不可思议

经过人工的训练,猩猩已经可以掌握几千个单词,从生物进化的过程中来看,这显然是一个难以置信的成就。爱因斯坦——现代最聪明的人之一,在物理学中获得了令人惊异的成就,但如果从生物学的角度看,爱因斯坦和猩猩的基因非常相似。

人类和大猩猩最大区别在于,物理学家的脑子稍微大了一点。在漫长的进化中,人类的爆发显得如此绚烂,从一种蜷缩在东非差点灭绝的物种,发展为当下地球的主宰,甚至将目光瞄向了浩瀚星河。

人的爆发和智能爆炸可以类比吗?也许可以。

从底层逻辑上讲,无论是人的爆发还是智能爆炸并没有本质区别,两者都属于一种正反馈激励的反复叠加,在量变中产生质变,在到达"奇点"的瞬间爆发出巨大能量,完成文明的跃迁。

在临界点到达之前,一切都是风平浪静。一旦临界点出现,便会瞬间爆发,影响整个世界。

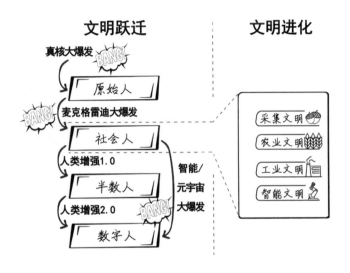

人类增强

2021年5月,一份《"人类增强",新范式的曙光》的报告中提到,人类有了自我改善的新范式:人类会在人机结合、肉体数码结合等人类增强的道路上走下去。

人类可以屏住呼吸潜水到113米,最快的瞬时奔跑速度是44.722千米/小时,可以长途奔袭数十千米……

人类增强是我们一直渴望的事情。自古以来,咖啡因、酒精、尼古丁、麻醉剂等情绪改善剂就一直为人所用,但通过技术改善人类,或以其他方式改变和重塑人类大脑的方法却很少被注意。这种对大脑的重塑也是思考、学习和阅读的意义所在,这些过程实际上都是在重写大脑机制。人类学习的过程,其实也是改变大脑的微型结构的过程。

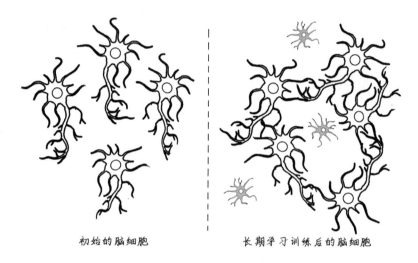

初始的脑细胞　　　　　　长期学习训练后的脑细胞

学习思考可以改变大脑微结构

未来的人类增强技术,大概可以从不同层面做出以下划分。

"增强人类"与人的区别,可以分为四个阶段,每个阶段所使用的外部装备不同。

- 第一阶段:手持设备。
- 第二阶段:可穿戴眼镜、耳机,甚至类似俄罗斯研发的超级盔甲套装 Ratnik 3。
- 第三阶段:义肢、义体和人脑协处理器。
- 第四阶段:人脑协处理器。

从控制权限看，外部手段、读书与学习、光遗传学和磁遗传学等对神经元进行调节（可建立协助处理器），以及未来可直接编程的方式，对神经元的控制权限是不同的。控制极限可分为四层，每个层次的控制方法不同。

- 第一层：外部手段，如激进的冰锥疗法。
- 第二层：通过读书、学习，在某种程度上调整神经元连接方式。
- 第三层：通过光或者磁影响神经元强度，建立大脑的协处理器。
- 第四层：可通过编程对神经网络的初始突触进行复制和设定。

从医疗方法看，"人类增强"分为以下三个阶段，每一个阶段的生存能力都不同。

- 第一阶段：外骨骼等普通增强型外设。
- 第二阶段：新型人造血液细胞或稳定血红蛋白携氧载体急救技术。
- 第三阶段：远程手术或机器人自动手术。

"人类增强"不断扩展人类的"身体"边界

也许，人类增强会构建一条递归改善的高速公路（人机协同与原核细胞 A 和原核细胞 B 构建真核细胞一样，也是一种数亿年的"研发"成果转化形成的爆发），并由此构建人机协同的自我完善之路。

原子数字化

今天，我们进入一种与现实平行的元宇宙，那些递归改善、智能爆炸、个体增强、虚实结合、意识保存都有可能成为物理人向数字人的过渡。

毫无疑问，从物理世界走向数字世界，这对人类来说是史无前例的改变和进步，这不仅涉及技术上的变革，还包括伦理和哲学的探讨。

从社会人到半数人，只是工具和技术的变化，不涉及哲学和伦理；但半数人到数字人是一种全新的蜕变，甚至可以说这是一个"类死亡"的过程。在蜕变过程中，人类将面对两个问题：

- 如果抹去你所有的记忆，给你一次重生的机会，你愿意吗？
- 如果消灭你的肉体，但保留你所有的人生记忆，你愿意吗？

你会如何抉择？如果第一个选择代表着死亡，那第二个选择是不是同样代表着死亡呢？

在某种程度上，死亡与进化只有一线之隔，好在这是一种主动进化，人类可以自行选择。

随着元宇宙的发展，我们可以将数字人分为两种，一种是模拟信号数字人，也就是利用脑机接口接入外挂物理数据；另一种是全真意识数字人，也就是可以认识自我、反思自我的电子数据。从半数人到数字人的进化过程中，我们可以有计划地分步骤完成。

- Metaverse 1.0：初级数字人时代，现实世界的虚拟资产进入元宇宙。

- Metaverse 2.0：初级数字人时代，现实世界的实物资产开始进入元宇宙。

- Metaverse 3.0：中级数字人时代，基本完成社会生存复刻，加密经济开始主导世界。

- Metaverse 4.0：中级数字人时代，虚拟和现实已经融为一体，人类社会结构发生剧变。

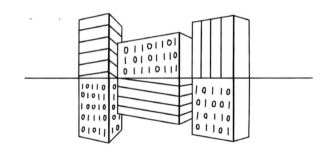

- Metaverse 5.0：中级数字人时代，神经元网络初步建成，量子意识与比特代码无缝衔接。

- Metaverse 6.0：高级数字人时代，神经元网络技术取得重大突破，量子意识逐步迁移到比特网络。

- Metaverse 7.0：高级数字人时代，摆脱自然进化论的限制，人类进入数字人时代。

如果将互联网的出现视为半数人时代的开启的话，那么2009年区块链技术的出现可以视为数字人时代的启动，从被动进化到主动进化，人类已悄然进入了元宇宙时代。

5

硬体·软体·意识

Metaverse

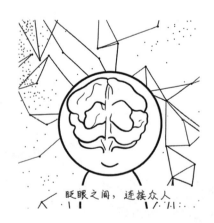

眨眼之间，连接众人

让我们想象一下，如果把元宇宙用我们自己的身体来进行类比，是什么样子？

硬件相当于人的骨骼和肌肉（运动系统，为整个人体的行为做支撑，也用来支撑其他系统的存在）；数据相当于人的肠胃等器官（消化系统和呼吸系统，准确来说食物是数据，肠胃等器官是一些算法，将数据转化为人可以用的"营养元素"）；计算相当于人的头脑（中枢神经系统）；网络相当于人的神经系统（外周神经系统），将信息快速传递和共享；数字化相当于更先进的基因改造技术，从基础层面大幅度提高大脑反应速度、骨骼健壮程度、四肢灵活程度；经济就相当于心脏和血液（循环系统），推动元宇宙健康、繁荣发展。

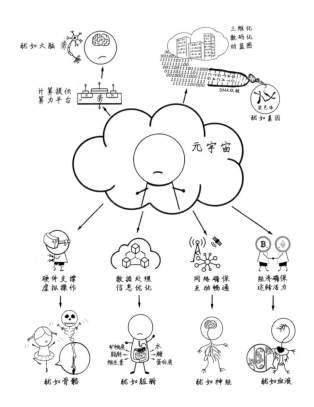

通过人的类比,我们好像可以了解元宇宙的组成框架了。

那么,元宇宙到底是什么样的呢?

进入元宇宙世界,也就与虚拟世界连接在了一起。在元宇宙中,我们看到的是什么?真实还是模拟?通过一组漫画,我们先了解一下元宇宙是什么样的。

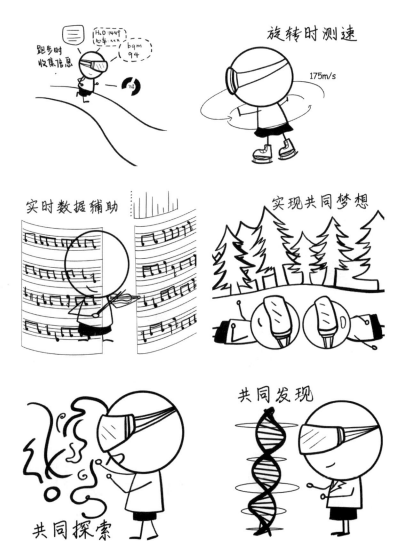

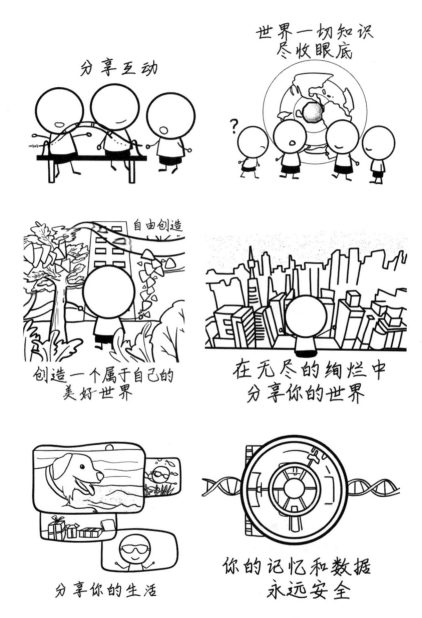

在元宇宙中,我们可以分享生活,我们也可以改造世界,创造出全新的元素和规则。我们的记忆可以永久保存,我们的数据永远安全,这就是元宇宙。

硬件与元宇宙

当下,舆论普遍认为元宇宙将是以立体画面呈现的下一代互联网。那么,元宇宙的信息载体会是什么呢?

现在手机和计算机是互联网的载体,那么谁来取代手机成为下一代互联网的信息载体呢?虚拟现实(VR)和增强现实(AR)设备被业界寄予厚望,被我们忽略的、极可能独立发展的另一个感官硬件体系——耳机,也可能成为互联网载体。

VR/AR头盔已经突破了工程化的瓶颈,进入了大规模普及阶段。只是当下暂时还缺乏刚性需求(如足够吸引主流用户的内容)。

近年来,随着技术的突飞猛进,如更精准的传感器,更长时间的电池续航,更复杂多样的感官模拟,更精细的屏幕,更清晰的摄像头等,产品的用户体验快速提升。

现在,主流的VR/AR头盔已经是无线的了,更多的新一代智能穿戴设备也相继问世。在沉浸式交互方面,可以实现在足够小的设备上完成精准的触控操作,可弯曲纳米感应已经实现了全息3D触觉反馈,甚至通过设备来模拟温度变化和复杂的气味也都已经成为现实。

早期的VR头盔需要线缆连接电脑

随后快速经历了从背包电脑到一体机,再到轻薄化的进化

摄像头发展更为成熟,通过面部捕捉技术,人们就可以轻松获得自己的"虚拟分身"。手机的物体捕捉功能在几分钟内就可以为某个物品创建一个高保真的立体虚拟模型。然后,我们将这些模型导入虚拟环境中,通过混合现实(MR)眼镜还可以将虚拟景象叠加到真实环境中。

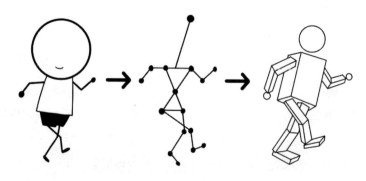

通过分析关节的运动进行动作捕捉

复杂的灯光设计可以提供多维光场显示；高保真的音频录放设备能够模拟具有空间感的音源；先进的算法能够对空间数据进行压缩和传输，以实现实时通信与信息再现。如果缺少了其中任何一个环节，都无法做到让每一个细节都"看起来很真实"。

这些技术正是元宇宙宏大篇章的序曲。

遥望更远的未来，什么会成为人机交互的终极技术呢？答案中位列榜首的一定是脑机接口。除了脑机接口之外，还有另一种技术路线，被称为光遗传学，可以将神经元转换为光敏元件，从而控制单个或成组的神经元。磁遗传学与光遗传学原理一样，它是通过磁信号对大脑的神经元进行神经信号的读取和写入。

有了这些输入输出方法，使得建立一种大脑协处理器成为可能。

如果我们把目前的手机（外部设备）和大脑之间的关系定义为弱联系，那么上文所提到的人机交互终极技术，就是人机更为紧密的联系，它带来的可能是处理器级的连接。

计算与元宇宙

电影的播放、游戏的操控、操作系统的运行,都需要经过"渲染"这个计算流程。

在元宇宙中三维图像越接近真实,所需的渲染就越多,计算也就越复杂。元宇宙以三维形式呈现,用户可以以更灵活、更个性化的方式参与其中。可以预见,元宇宙会带来历史上最大的持续计算需求。

如果要创造一个与真实世界相互联系的孪生世界,应该需要怎样的计算?绘制一整个城市的精细化三维模拟,并关联从红绿灯到无人驾驶的一切,以便优化人流和信息流。一个持久的、无休止的虚拟世界,需要支持无限的互动,每一个互动之后都会衍生出相应的持久的后续,影响着真实和虚拟两个世界。即便是雏形中的元宇宙,也会耗尽当下所有的算力。

计算资源在将来可能是最稀缺的资源,机械性能的进步总是跟不上我们对算力的渴求。计算能力的可用性和发展会限制和重新定义元宇宙,尽管终端用户不会意识到这一点。

传统的渲染基本依靠本地计算机,这就像电网发明之初,人们想在自己家中用电都需要自备发电机一样。

当下,游戏等强互动联网操作中,渲染等耗算力的计算一般放在本地进行。

于是,有人认为,强互动的云应用就像现在的电网,只要能连接到远方的核电站,就能连上电,而不用管所用的电是从哪个核电站来的,大家都能共享云资源。

但事实并不是如此,当下的强互动应用,每个人的使用方式不同,面对的渲染环境也完全不同。以强互动游戏来举例,接入云端时,场景、人物、动作都不同,那么就必须给每一个用户单独渲染。这就像给每个人都在电网中提供了一个大型发电机,还要确保专机专用。如果这样,那就麻烦了。假如 100 万人同时在线,就要有 100 万台大型发电机,这几乎是不可能的。

假如把城市元宇宙的一部分智能技术的应用看作是城市大脑,另一部分智能技术的应用看作是城市的身体,那么可以把这些应用看作一种计算任务,可以将计算任务粗略地分为大脑任务和身体任务。大脑任务可以在云端完成,而身体任务还是在本地完成比较好。

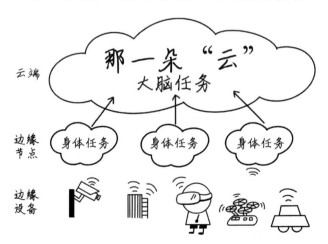

在元宇宙的计算任务的分配上,我们可以发现两种不同的趋势。

一种是重新引入新的互动方式,将身体任务转化为大脑任务。

假设目前已经推出多人直播互动真人秀,准确来讲这不是真人秀,而是 AI(人工智能)秀。观众可以全天观看多个 AI 驱动的虚拟角色一起探索一个神秘的岛屿,并收集线索以解决生存问题和生活难题,通过竞争完成一系列任务。它与一般直播真人秀的差别是,观众可以通过投票和实时互动来影响剧情的走向,票数最低的 AI 角色将被淘汰。

这种直播式的云端互动游戏,不需要下载客户端,只需要通过浏览器即可,可以有数十万人同时参与,大家可以像真人秀节目的导师一样决定 AI 角色的命运。更为重要的是,这种新的互动模式的渲染都在云端完成,这正是元宇宙式的互动模式。

另外一种趋势是人们想出各种办法来平衡算力。边缘计算起源于 20 世纪 90 年代的 CDN(内容分发网络)。不同区域的用户访问中心服务器的内容时，较远区域的用户会有延迟。内容分发是在访问负荷大或延迟高的区域部署一个虚拟的缓存服务器，依靠这些虚拟的缓存服务器，通过中心平台的负载均衡、内容分发、调度等，使得用户能从较近的边缘服务器获取内容，从而降低延迟。

边缘计算通常被强调为元宇宙的关键基础架构，它相当于是内容分发系统的加强版，能够在用户和较远的中心服务器之间的关键网络节点上部署计算中心。边缘计算与内容分发在结构上是相似的，只是把虚拟存储转为计算中心而已。

最后，随着计算的发展，算力通常不再依赖一个超级计算机或者一个计算中心的集群，而是将计算部署在网络相互连接但位置分离的多个计算中心之中。

更进一步，假设每个用户的终端也拥有一定的计算能力，且大部分都是闲置的，是不是可以将每个用户终端的闲置计算能力分享出来，加入整个计算网络？这就是一部分始终追求分布式理念的人心目中真正的分布式计算的概念。这就像马斯克所预言的，未来特斯拉在不使用的时候可以作为自动驾驶汽车来赚取租金，而不是闲置在车库中。

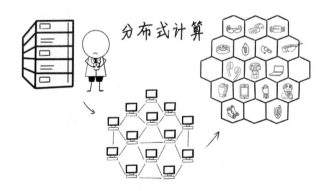

在同一个共享世界中共同打造一个可供数百万名玩家参与的游戏或互动,是业内人士一直想实现但一直没有实现的一个有趣的挑战。也许只有将终端的算力都连接起来的分布式计算才能实现这个愿望吧。

网络与元宇宙

预计 2022 年骨干网流量将增长到 4800 EB 以上,5G 和 Wi-Fi 6 技术的成熟使传输元宇宙的高清晰图像成为可能。在技术的发展过程中,消费级硬件最能直接感知到终端网络的更新。

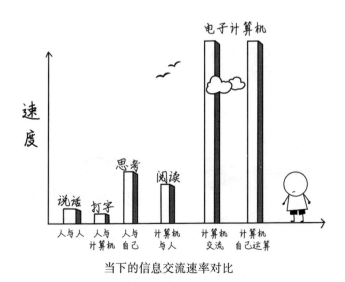

当下的信息交流速率对比

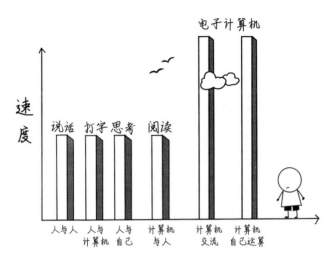

未来元宇宙中可能实现的交流速率对比

我们最理想的状态就是在一个大型、实时、共享、持久的环境中进行交互,极速发送和接收大量的云数据,甚至做到你的眼就是我的眼,我所见即你所见。

当前,人和人的交流速度,人和计算机的交流速度,计算机和人的交流速度都很低。如果用自来水管喝奶昔来形容计算机处理速度的话,那人类自我思考的时候相当于用一根比较粗的吸管来喝,而人与人之间的语言交流则相当于用小小的咖啡搅拌勺来喝,计算机打字(更不用提手机打字了)就好像用注射针头喝奶昔一样,一分钟能喝一滴就不错了。而在元宇宙中,这些信息沟通效率较低的方式都会被一个效率较高的沟通方式所取代。

我们的大脑是独立体,而生命形态也是一个封闭体。在生物进化的过程中,直接通过神经突触交换信息是不可能的,这也是语言出现的原因,人们必须要通过一个"窄带宽"、充满"干扰"的音频方式来进行沟通。

而元宇宙将改变这一切,它让人们的沟通不再局限于音频方式。

网络最大的挑战往往存在于大众不在意的地方——延时。与带宽和网络可靠性这两个最直观的指标相比,延时通常被认为是最不重要的指标,这是因为互联网一向都是单向的或者异步的。

与可以容忍高延时网络的民用应用相比,远程采矿、电网监控、轨道交通、军事应用,以及未来的各行各业,在与元宇宙融合后对网络低延时的要求是刚性的。每多一点延时,都会带来多一点的安全隐患。战场上的超级数字士兵所面临的是生死存亡,延时的高低决定着战争胜负成败。

即便是民用网络,在虚拟三维互联网中,如果网络出现延时,VR头盔中显示的画面也会出现卡顿,影响用户体验;在虚拟社交中如果延时严重,则会影响沟通,让立体虚拟空间社交的沉浸感大打折扣。

所以,元宇宙非常需要低延时的网络,低延迟甚至零延迟的网络,可以改变人的生活状态。

数据与元宇宙

自从人类进入电气时代后,石油取代煤炭成为工业的血液,自此,各类争夺石油资源的大戏不断上演,强权对撞,战火纷飞,最终石油贸易成为美元霸权的根基,奠定了 20 世纪后半叶与 21 世纪初的国际战略格局。

而 2006 年,英国数学家 Clive Humby 提出数据是新的"石油",这个观点在 2017 年的《经济学人》中被重述,引发了大规模的讨论,到如今,这已经是一个普遍的话题。

《连线》的主编凯文·凯利曾说,第一个大型平台是个人电脑上互联的网页,它将信息数字化,将知识置于算法的力量之下,它被谷歌主宰了。第二个大型平台是社交媒体,主要在手机上运行,它将人数字化,并将人的行为和关系置于算法的力量之下,它由脸书和微信统治。

我们现在正处于第三个大型平台诞生的曙光之中,该平台将使世界数字化。在这个平台上,所有的东西和地理位置都将是机器可读的,并会受算法的影响。

数据之于信息时代,就如同石油之于工业时代。而我们制造产品、解决人类问题及使用数据的方式都会定义下一波技术浪潮,包括元宇宙。

互联网是一个数据矿场,它创建了很多有价值的品牌。与今天的网络相比,元宇宙将拥有更多的数据和更多的回报。

元宇宙中所涉及的数据,不仅仅是我们点击的位置和我们选择分享的内容数据,而是关于我们选择去哪里、我们眼睛看向哪个方向的时间最长、我们身体的移动和对某些刺激做出反应的微妙的数据。

例如,自动驾驶汽车上有许多高质量的传感器,不断搜集从路况到本地天气再到光线质量等方方面面的数据,这些数据对市政管理、汽车制造商、保险公司、软件公司、紧急服务部门、交通运输部门都至关重要。

数据的变动和更新也让孪生城市每时每刻都需要更新当前世界的变化,在数据库更新之后,三维城市模型也需要进行更新。

城市物联网系统就像城市的感知系统,而数据是这个系统的燃料,元宇宙不过是在这基础上再新增一些数据而已。

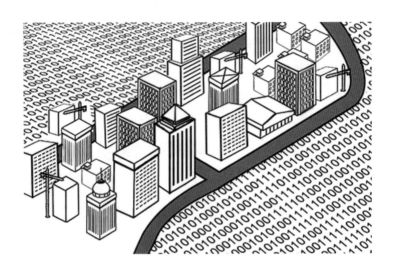

意识与元宇宙

硬件、计算、网络、数据、数字化(三维化)场景,以及后面将要讲到的经济系统,将会为我们构成一个认识元宇宙的框架。

在这个框架之上,我们可以进一步讨论意识与元宇宙的关系问题。

2013年,谷歌技术总监宣称,到2045年,我们将把整个思想上传到计算机中,成为"数字不朽者"。上传思想被称为人类发展的奇点,而奇点已经临近。

把思想上传到计算机一事有些争议,毕竟思想上传后会发生什么谁也无法确定。有可能人的意识会在计算机中继续存在,即"我还是我",这其实是基于"基质独立(substrate-independence)"的一个猜测。

当物质在时空中以某些原理的模式移动时,它们会产生某种独立于基质的现象,如波和计算。

任何波与其传播都是独立于其传播介质的,速度、强度、频率等性质就能描述一个波。

同样,图灵证明了"计算"也是独立于基质的。不管是老古董电子管计算机还是晶体管芯片计算机,无论是电脑、平板还是手机,其计算过程都是独立于计算设备的,不同设备只有计算能力的区别,与计算本身无关。

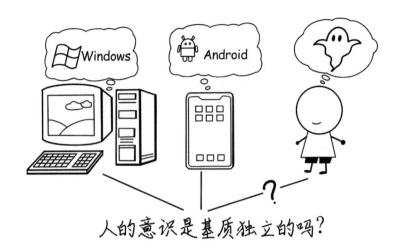

人的意识是基质独立的吗？

关于"意识"，或者所谓的"智能"，虽然暂时我们还无法提供有效的证明，但许多人相信，它不过是信息处理的结构，而不是事物的结构（不是硬件而是软件），它很可能也是"基质独立"的。如果信息处理本身遵循某些原则，它就会产生更高层次的基质无关现象，这就是意识。

如果意识是基质独立的话，那么，很根本的一个问题就是，我们可以拒绝崇拜碳基、硅基或者其他的材料，不依托于某种特殊基质也可能产生与人相同甚至超过人的智能。

和戴上 VR 头盔进入元宇宙的人一样，人的注意力会只在云端，或者只在现实。如果有一种能截获大脑信号并接管视觉、听觉、触觉的技术，将信号连接到云端，那么人类的身体在这段时间内其实是进入休眠的，人不会感受到现实中的一切，除非断开云端的连接，意识才会再次连接上身体。

所以，美国物理学家迈克斯·泰格马克说物质不重要，真正重要的是模式，计算、智能、意识，都是粒子在时空排列中的模式。

未来，我们需要依据这种模式来构建真正意义上的元宇宙。

元宇宙的
"十一维"

Metaverse

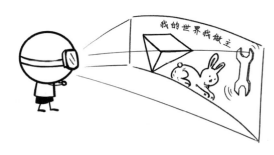

我们可以从科幻世界出发来想象或认识元宇宙，但元宇宙最终要从科技领域开始启动，它融合了信息技术（5G/6G）、人工智能、云算力、大数据、区块链，以及VR、AR、MR和游戏引擎等在内的虚拟现实技术的成果，对于人类来说，一个与现实世界平行的数字世界已经近在咫尺。

如果这个数字世界扩大，它必然引发基础数学（算法）、信息学（编程、信息熵）、生命科学（脑机接入）、区块链（加密金融）、量子计算（算力）等学科的深入研究和交叉互动，也必然会带来哲学、逻辑学、伦理学等人文科学体系的全新突破。

创造一个超越现实的"天堂"，这是人类从未有过的体验。如果站在更远的时代来审视"元宇宙"，它会是一个什么样的世界？接下来，我们将从十一层维度来解析这个宇宙。

第一维
价值观

元宇宙是一个开源、共识、自我、去中心化的新世界。

1974年，TCP/IP协议正式发表，定义了电子设备如何连入因特网，以及数据如何在它们之间传输的标准，从而构成了互联网的基础；2008年，中本聪发明了一种点对点的电子现金系统，掀起了区块链的开源变革。

互联网与区块链是元宇宙的基石,这两个世界本身的价值观必然会渗透到元宇宙中。然而,元宇宙是无所不包的人类复刻体系,这意味着元宇宙还要考虑人本身的价值。

总结起来,开源、共识、自我、去中心化是元宇宙的基本价值观。

- 开源:元宇宙要求所有参与者一起创造新事物,只有开源生态才能做到这一点。
- 共识:元宇宙属于分布式治理社会,伟大的行动需要凝聚共识。
- 自我:不同于区块链的透明机制,元宇宙中的个人需要隐私和自我。
- 去中心化:一是解决互联网已有弊端,二是继承区块链核心价值。

第二维
世界设定

感受到个人和整个族群的进化

世界设定的框架决定了文明的高度。

在元宇宙世界中,世界设定的边界,就是文明发展的极限。

人类历史,其实就是一部想象力变现的发展史。

将想象转化为人性本身的追求,从而激发人的创造力,凝聚氏族的生产力,生产关系被自发优化,最终推动了想象力变现,发展出现代社会,成就了今日的恢宏文明。

从东非出发的智人想象远处的家园,尼罗河上的渔夫点燃篝火,一边烤鱼一边思考人生,拉帕努伊岛的岛民合力筑起了复活巨像,一个落魄的程序员开始用编程建设自己的想象世界……强大的想象力最终都落地成为恢宏文明。

但这种想象,仍然被大自然所限制着。

从奴隶社会进化到封建社会,从封建社会进化到工业时代,从工业时代又进化到信息社会,人类摆脱大自然的限制的能力越来越强。到了元宇宙时代,人类想象力将会全面实现质变。

随着技术和硬件的发展,想象力将成为文明进化的核心要素,只要你能在大脑里构想出一个完整世界,自进化的技术就能将它纳入元宇宙生态里;只要能被想象出来,人工智能技术就能将它们制造出来,元宇宙时代就是人类的魔法时代。

不同于现实世界的自然进化,元宇宙需要更有想象力和目标感的世界设定,这与未来文明息息相关,大自然的进化人类很难完全主宰,但元宇宙是人类自己创造的世界,可以进行任意的高质量的设计。

第三维
超现实治理

源于现实又要高于现实的社会治理

很多人一直认为元宇宙是一个游戏连游戏、游戏套游戏的超级游戏，在里面任何人都可以创建不同的角色，并进行人生模拟设计，与其他人进行交流和互动。

事实上，以游戏来定义元宇宙明显太浅薄，它是一个超现实世界，是在给人类的发展创造一个新的空间，在这个超现实的世界里，有很多特质是现实世界所不具备或者不完全具备的。

 去中心化治理

在元宇宙这个世界里，是没有中心领导人的，没有人可以发号施令。在去中心化的社会组织里，管控是分散存在的，而不是按等级划分的。它运用一种更扁平的管理结构，以及一套自动在元宇宙里实施的规则，允许每个人参与讨论，鼓励团队合作。

 代码即法律

在元宇宙的世界中，由代码构成的智能代码合约形成了"自规则"——元宇宙中的法律依靠代码运行，将使信息更加透明、数据更加可追踪、交易更加安全，大大降低了法律的执行成本，从某种意义上来说是一种"法律前置"。

共算主义

每个人都有获得算力的权利，每个人也有贡献算力的义务。算力是元宇宙世界最核心的资源，未来很可能不仅允许每个人独自获取算力，而且法律机制鼓励每个人获取算力和交易算力，促进整个元宇宙世界的整体发展。

◆ **数据私有**

平台是个人和公司共同建立的,但是用户数据归用户所有,用户可以持有私钥掌控个人数据,元宇宙世界中的数据已经是个人不可分割的部分,用户拥有完全自主管理个人数据的权力。

◆ **分布式金融**

元宇宙中的金融体系以分布式为主,分布式金融有更强的开放性和包容性,不需要依赖任何中心化的主体来提供信用中介或者背书;没有准入限制,即任何一个联网的人都可进入;任何第三方均无法阻止任何一笔交易,也不能逆转任何一笔交易。

◆ **游戏即劳动**

在元宇宙的世界里游戏即生活,游戏即劳动。元宇宙连接了物理世界和虚拟世界,从而将游戏和劳动结合起来。

第四维
数字身份

随着真实世界不断被数字化,每个人都可以拥有自己的保真度不一样的数字化身。

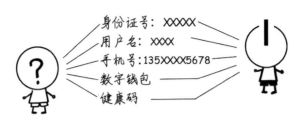

2003年,林登实验室推出了模拟现实社会生活的大型网络游戏《第二人生》,在游戏中每个人都可以创建自己的三维虚拟化身。

2013年,美国社会学家威廉·西姆斯·班布里奇预测,有朝一日我们能把自我的一部分转移到自己的人工智能模拟上,这些模拟的化身可以独立于我们自行运作,甚至在我们死后依然存续。

2016年,经济学家罗宾·汉森设想将所有人的意识都上传到网络,以虚拟生命"仿真人"的形式存在。

2020年,美国饶舌歌手特拉维斯·斯科特通过其虚拟化身,在《堡垒之夜》成功举办了一场演唱会。

2021年,Facebook已经可以使用三维的数字分身进行在线的视频会议。

在未来的元宇宙中,人们会有一个甚至多个独特且长期不变的身份,并能利用这个身份在元宇宙里积累经验、财富和人际关系。如果缺失了这一数字身份,那将只是元宇宙的观察者,而不是参与者。

这个数字身份,与现实世界中个人的性别、国籍、学历、经历和财富并不挂钩,它也不是由某个权力机构赋予的,而是由个人根据自己的价值观、元宇宙观、个体定位等因素,通过个人在元宇宙中的种种行为和选择进行赋权。它是一个真实存在且影响未来的数字 ID。

在这里我们可以设想一下"数字身份"使用的基本场景：你注册于 2140 年 3 月 15 日 20 点 18 分 21 秒 88 毫秒，你的编号是 2140 031520182188，这就是你的数字身份，它将记录你在元宇宙的所有信息，承载你在数字世界中的价值。

从此，你将与这个数字身份生死相依，它会记录你在元宇宙中的所有人生轨迹。

第五维
经济体系

搬"数字"砖，建"元宇宙"，催生新型经济。
元宇宙有一个分布式的新经济体系。

毫无疑问，区块链将主宰元宇宙世界的经济体系。也正是因为引进了区块链的金融体系，元宇宙才将能够真正落地。

✦ 支付和清算系统

元宇宙的经济系统将由区块链来控制，区块链拥有数据难篡改、透明、唯一、点对点支付等基本特性，这些基本特性使得区块链拥有了天然的"去中心化价值流转"特征，可为元宇宙提供安全的经济支付和清算系统。

✦ 智能合约处理中介事务

智能合约具备自动化、可编程、公开透明、可验证等特性，使得元宇宙这个数字世界中的财产交互无须第三方机构的介入与监督。如果将元宇宙中的金融系统构建于区块链之上，那么金融契约将以程序化、非托管、可验证、可追溯、可信任的方式进行运转。

✦ NFT（非同质化代币）

NFT（Non-Fungible Token，非同质化代币）是用于表示数字资产的唯一加密货币令牌，它可以映射现实世界的物理资产，也可以是元宇宙世界的原生数字资产，它依靠 ERC-721 等公链协议来确保唯一性，因此 NFT 非常适用于标记具有排他性和不可分割性的个体身份、权益和资产，并可以实现权益和资产的自由交易和转让。

不同于传统的简单的经济分成模式，元宇宙将构建新的分布式的经济体系。元宇宙的经济体系是支撑整个虚拟世界运转的轴承，构建分布式的经济体系，能够充分保证资产的归属和价值可以在元宇宙中得到无边界的广泛确认。利用区块链的技术，借助 DeFi、NFT 等加密手段，构建一套以数学为底层逻辑的经济框架，才能吸引人们在元宇宙中生存并进化。元宇宙分布式的经济体系，意味着平台与平台之间要互通互联,跨平台的用户要互通互联,平台赚到的钱要分享一部分给用户,用户赚到了钱要投入一部分用于平台的更新,用户变成平台的股东,否则用户并不会放心把自己的数据交给平台使用。

如果没有一个全新的分布式的、多层次的经济体系,元宇宙中的价值和资产就无法实现流转,元宇宙依旧会存在壁垒和垄断。没有一个全新的分布式经济体系,没有区块链金融体系的接入,元宇宙便无法被称为去中心化的元宇宙,它只能是一个传统游戏,而不是一个人人皆可接入的数字空间。

第六维
开源创造

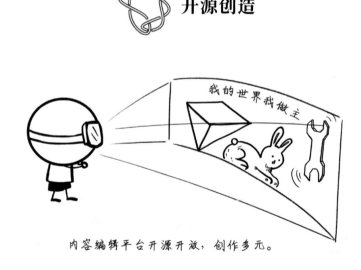

内容编辑平台开源开放,创作多元。

1991 年,托瓦兹发布了 Linux,借助开源的力量与微软分庭抗礼。

2007 年,开放源代码的安卓操作系统打破了苹果操作系统的闭环,吸引了无数程序员加入。

2013年，Twitter上市，逐渐成为全球新闻、娱乐和评论的重要来源。

2019年，微软发行的《我的世界》成为世界上发行量最大的游戏。

2020年，Roblox上的内容开发者已经超过了100万人。

开源创造，逐步成为未来平台的核心功能。所以，未来的元宇宙的内容将全部来源于参与者。相较于传统互联网，在元宇宙中，内容的重要性要远远大于平台的重要性。依托开源的方式，所有人都能够参与到内容创造中，享受共同创建元宇宙的乐趣。开源方式包括技术的开源、设定的开源、内容的开源。

其中，内容的开源最为重要，元宇宙是一个充满想象力的世界，内容是元宇宙最庞大的数据和资产。谁拥有了创意，谁就能拥有优质内容，谁就能建立新平台。长远来看，平台依附于内容创作和创意的涌现。开源创作是元宇宙持续更新的基本动力，创意的涌现需要所有参与者的互动，平台不能反客为主。

所以，内容的重要性将大于平台的重要性，这将是元宇宙的一个基本定律。

第七维
虚实共生

宇宙一开始是关于虚拟世界的愿景，大概在2007年后，实体的互联、增强现实技术的应用为元宇宙增添了一些现实愿景。

2013年之后，元宇宙就不是一个关于虚拟世界的概念了，它成了一个虚拟世界和现实世界结合的新世界。

真正的元宇宙，绝对不是一个简单的虚拟世界，它与平行世界也不是相互割裂，而是交汇融合。线上 + 线下是元宇宙未来的存在模式。线下的场景会成为元宇宙的一个重要组成部分，元宇宙也会为线下的沉浸式娱乐带来更多可能。

一个虚拟世界和现实世界结合的愿景

在开始时，人们可能会关心元宇宙与现实世界边界的问题，但随着元宇宙技术的发展，两者的边界将会变得越来越模糊，直到完全消失，变成一个硬币的两面，相互依存。

- 元宇宙时代无物不虚拟、无物不现实，虚拟与现实的区分将失去意义。
- 元宇宙将以虚实融合的方式深刻改变现有社会的组织结构与运作方式。
- 元宇宙不会以虚拟生活替代现实生活，而会形成虚实结合的三维新型生活方式。
- 元宇宙不会以虚拟社会关系取代现实中的社会关系，而会催生线上线下一体的新型社会关系。

- 元宇宙并不会以虚拟经济取代实体经济，而会从虚拟维度赋予实体经济新的活力。

随着虚实共生的深入，一个更大的问题可能会出现，即人类将混淆现实与虚拟，这将引发全新的哲学思考。

第八维
全生态进化

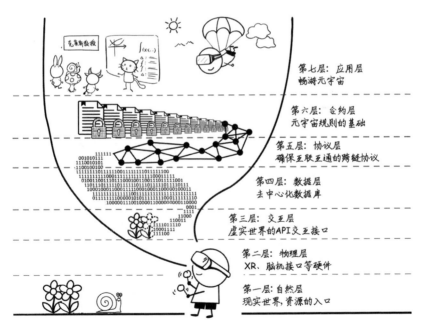

元宇宙的世界模型可以分为七层

第一层：自然层，也就是现实世界，这是资源的入口。

第二层：物理层，包括 XR、脑机接口等硬件。

第三层：交互层，虚实世界的 API 交互接口，包括虚实交互，人与物交互。

第四层：数据层，这是记录元宇宙中各种信息的去中心化数据库。

第五层：协议层，类似互联网 TCP/IP 架构的跨链协议，确保元宇宙互联互通。

第六层：合约层，基于底层协议发布的各类智能合约，是元宇宙规则的基础。

第七层：应用层，类似"链游"的各类数字应用，让用户可以畅游元宇宙。

元宇宙是一个非常宏大和复杂的结构，同时也是一个非封闭、非孤立的系统，这样一个系统不是像某个游戏那样可以一起打包升级，整个系统的变化和升级是非常复杂的，它属于一个整体，所以它的升级和改造是全生态的进化。全生态进化要考虑四点：模块化，整体化，进化感，共识性。

一个不断生长和壮大的元宇宙，它的系统架构最终会向生命体学习，它的进化会向自然进化学习。

第九维
多重人格社交

20 世纪 80 年代，国内开始办理手机号码，到现在几乎每个人都有一个独立的手机号码，我们能够通过它联系上每一个关系密切的人。

"精神分裂者"的春天

20世纪90年代,我们开始申请QQ号码,现在会上网的人几乎都拥有自己的QQ账号。

21世纪初,我们开始用不同的身份登录不同的游戏、网站,与不同的人以不同的方式进行社交。

在元宇宙中,"精神分裂者"的春天到了。

元宇宙将开启多重人格社交,每个人可以拥有不同的角色,你可以在元宇宙1中当一个植物学家,在元宇宙2中当一名宇航员,在元宇宙3中做一个王国的领袖,在元宇宙4中变成一只小动物……

你可以同时拥有多个身份,但它们都是你的分身,都是你精神意志的部分体现。当然,这些身份都可以连接到同一个经济系统中,虽然身份不同且分离,但它们之间没有壁垒阻隔。

第十维
物理沙盒

一个虚拟世界和现实世界结合的愿景

元宇宙是一个非常庞大的系统，它的物理接入非常复杂。

"元宇宙"是以"硬科技"为坚实基础的，包含显示（Micro LED、Fast LCD、LCos 等）、光学（自由曲面、小棱镜、阵列光波导、衍射光波导、VR 超短焦等）、网络设备、集成电路、通信组件、高像素高清晰摄像头。

它的硬件系统包括 3D 引擎和 VR、AR 等 XR 设备，以及 5G 通信、大带宽的网络接入、云算力和边缘计算，甚至还包括网络设施与芯片、区块链等帮助构建生态系统的分布式架构。

正因为如此，元宇宙中的应用层和物理层需要分离，与技术相关的一切会隐藏在"物理沙盒"里。

"物理沙盒"是数学代码和硬件运行的载体，数学代码是表层体验的内在结构。物理实体及它承载的数学代码连接非常复杂，涉及多个系统之间的硬件和代码的协调，在元宇宙建构时，还要考虑多主体、多公司之间的法律协议。这些都依赖于一致的标准数学代码形成的底层协议。"物理沙盒"给不同层次的元宇宙参与者提供了从物理到数学再到体验层的发展空间。

因此，如同计算机程序运行需要一个沙盒进行隔离试错一样，元宇宙的底层物理设备和中层数学代码也必须模块化，形成可以试错、修改、调整、更换的沙盒。这个"物理沙盒"的总体规模就是整个现实世界和虚拟世界的叠加，没有任何人能够知道这个沙盒的全部细节，只能各自占据模块化的小片进行修改和调试。

"物理沙盒"允许少数工程师进行调试，对于这个过程，大部分表面体验层的用户、玩家、公司等参与者并不清楚，也不需要清楚下一层的物理、数学载体和机制，他们只需要提出要求，由工程师控制去中心化的"物理沙盒"，"物理沙盒"通过与表层体验的分离控制，以及自身的隔离和去中心化，可以保证元宇宙的安全性、稳定性和保密性，给创意的快速传播提供坚实的硬件基础。事实上，任何优秀的虚拟世界的理念，都必须在承载它的物理基础上实现。

"物理沙盒"的最终目标是满足低延时、沉浸感、稳定性、光滑连接这四点要求。

第十一维
非线性时空

时间尺度上的平行和非线性

在现实世界中，我们生命中的一切都一直以单箭头的形式前行。我们所处的现实世界只有一个世界，换句话说，你只能进行一次人生体验，而且不可更改。现实人生不像游戏，没有存档和重新来过的选项。现实中的人生是线性的，但元宇宙在时间尺度上却可以是平行的和非线性的。利用元宇宙中的数字身份和多重人格，你可以进行类平行宇宙式的体验，在同一时间尺度上，你可以完成不同的事情，实现小说中才可能出现的"非线性叙事"。

在元宇宙中，你可以把自己同时放置在数个游戏、多个场景之中，甚至可以从一个时间线跳跃到另一个时间线，从元宇宙的这个模块跳跃到另一个模块。如果可能的话，原本没有交集的角色也可以进行互动。

这是一个被打乱的宇宙，也是一个重组的宇宙，更是一个个人选择远多于现实世界的宇宙。空间和时间背景不仅扭曲，而且互相穿插，并且是由参与者决定它们的连接方式，这意味着元宇宙进一步拓展了人类自由的边界。

十一维空间是 20 世纪 90 年代超弦理论中提出的空间结构，即宇宙是十一维的，由震动的平面构成。从十一个维度出发，现实世界还有许多技术难题需要解决。

趋势已起，元宇宙的"十一维"何时能实现，取决于人类技术的发展状况。

总体来说，未来，将有无数个子宇宙共同连接成一个元宇宙。在这些子宇宙中，你只有唯一一个底层的数字身份（可以孵化出其他不同的身份）。通过这个数字身份，你将像头号玩家一样，在元宇宙中随意穿梭，你所有的数据流动和资产流转都是一体的和共通的。

同时，在这个过程中，会形成一个自发的元宇宙秩序，并且像在现实世界一样运行，形成一个真正的平行世界。

智能合约·
数学·NFT

Metaverse

2021年之前，元宇宙创世的一切其实早就具备，其核心技术已经被人类掌握，但为什么元宇宙之前一直是沉寂的？现在为什么又突然成为热点了呢？元宇宙之所以突然激发了很多极客的热情，是因为极客的先行者发现了元宇宙的"补天石"——区块链，它可以将元宇宙需要的这些技术连接起来。

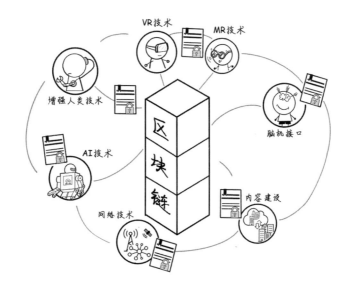

补天石是什么？远古时代，天塌地陷，世界陷入巨大灾难。女娲不忍生灵受灾，于是炼五色之石补天空，折神鳖之足撑四极，平洪水杀猛兽，通阴阳除逆气，使万灵得以安居。

可以说，有了补天石，零碎破损的天地万物才得以和谐统一。

那么区块链技术作为元宇宙的补天石，会给元宇宙带来什么呢？

从最表层来看，它带来的是数字ID所承载的独一无二的身份，是经济体系的安全稳定运行，是代码（即法律）的公共治理，使个人数据开始真正属于自己。

区块链的快速发展带来的是机制的变化:私钥即一切、智能合约、NFT、预言机发展迅速。这些机制的变化会带来更深刻的上层建筑变化:公正与自由、去中心化、数据私有化反垄断,等等。

对于元宇宙,物理硬件只是外在的肉身,区块链才是鲜活的灵魂。

最底层的物理硬件和最表层的视觉感性体验之间,是看不见摸不着的数学代码,它们支撑着元宇宙的信息有序地运转。

Meta是反元宇宙

2021年10月,Facebook宣布将公司名称更改为"Meta",公司股票代码将从"FB"变更为"MVRS"。扎克伯格在公开信中描述:"我们希望在未来十年,元宇宙将覆盖十亿人,承载数千亿美元的数字商务,并为数百万名创造者和开发者提供就业机会。"

很多关注元宇宙理论的人对此嗤之以鼻,他们认为Facebook正在建造的元宇宙是数字版本的地狱,而非数字世界理论者眼中的"美丽新世界"。

他们更相信以太坊才是真正的元宇宙，那儿才承载着"元宇宙"的核心精神。在加密先行者看来，Meta 鼓吹的 VR/AR/MR 等技术只是元宇宙的皮相，而非元宇宙的本质。无论有多少花里胡哨的硬件接入，也只相当于给人披上了一层盔甲而已，没办法给人以精神上的提升。

元宇宙的确是技术的融合体，脑机连接打破虚拟与现实的沉浸感边界，人工智能提高数字角色的互动性，云计算和边缘计算为元宇宙解决了推动效率问题，5G/6G 提供了宽阔的数据通道。

然而，能够将这些技术连接起来的核心是区块链，其中的佼佼者就是以太坊，它提供了信任和协作机制，打破了数据一盘散沙的局面，凭借加密数学的力量，从经济学的角度解决了财富的所有权识别和交易问题，从而可以推动"元宇宙"的大规模建设。

从去中心化角度来看，以太坊才是真正的元宇宙，Meta 不过是元宇宙的反面典型。

所以，以太坊与 Meta 的比较，相当于元宇宙和伪元宇宙的比较。以太坊是开源的，而 Meta 是封闭的；以太坊的技术是透明的，而 Meta 则是不透明的；以太坊是无须许可即可进入，而 Meta 则需要实名许可；以太坊是社区自治，而 Meta 则是中心权威。

扎克伯格的 Meta 只是想借助元宇宙的风头升级自己的"社交帝国"，渴望提前一步成为数字世界的霸主，在"元宇宙"的世界里成为中心节点，然而，这在本质上并不符合元宇宙的去中心化本质。

为什么一部分人对扎克伯格的 Meta 如此敏感？因为传统互联网的

"中心化"让很多人失去了对世界的信任,财富与数据的集中化让整个社会变得撕裂,更多人想从"互联网世界"迁移到"区块链世界",或者是从"传统世界"升级到"元宇宙",因为这里是一个更公平的世界,数据归自己所有,财富无人可以剥夺。

那元宇宙为什么能做到这些?为什么大家更相信它是一个更加公平正义的世界?它用什么来获取先行者的信任?

因为元宇宙运行的底层基石是区块链,区块链的底层逻辑就是建立信任,而建立信任依靠的是数学和加密学。

在元宇宙世界里,数学契约以程序开源来获取社区认可,它比任何人都值得信任,这就是很多人相信元宇宙是一个公正公平世界的原因。

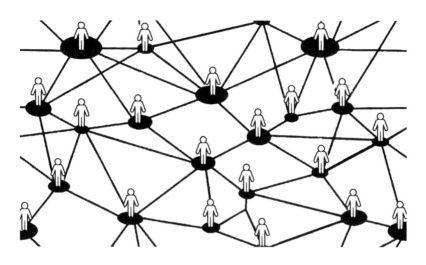

以元宇宙的"数字ID"为例,为什么这个数字ID就完全属于一个人?它真的是独一无二的吗?真的没有中心节点能够删掉你的账号吗?

是的,因为你掌握着这个数字ID的私钥,这把私钥的背后,是数学在为你提供最安全的保护,私钥即一切。

 私钥即一切

为什么说私钥即一切?数学为元宇宙的"数字ID"到底提供了怎样的安全保护?本质上来讲,数字ID的私钥和加密货币的私钥没什么区别,就以"私钥即一切"为例,来解释数字ID为什么属于个人而非平台。

追根溯源的话,这个功劳属于中本聪,他在2008年发表的《比特

币：一种点对点的电子现金系统》的论文中提到在线支付需要解决的首要问题是数学能否实现信息安全。

以比特币为例，从钱包加密这个流程来看它的安全性，中本聪的解决方案同样很可能会在"元宇宙"的数字 ID 保护上被执行。

比特币安全的核心是私钥，拥有私钥就拥有私钥对应比特币的使用权限。所以，加密钱包的核心对象显而易见，就是私钥。

在解读加密过程前，让我们先了解以下名词。

- 密码：从外部输入的，用来加密和解密钱包的字符串。
- 主密钥：一个 32 字节的随机数，直接用于钱包中私钥的加密，加密完后立即删除。
- 主密钥密文：根据外部输入的密码对主密钥进行 AES-256-CBC 加密的结果，该加密过程为对称加密。
- 主密钥密文生成参数：主要保存了由主密钥得到主密钥密文过程中参与运算的一些参数，由该参数配合密码可以反推得到主密钥。
- 私钥：椭圆曲线算法私有密钥，即钱包中的核心，拥有私钥就拥有私钥对应的比特币使用权，而私钥对应的公钥只是关联比特币，没有比特币的使用权限。
- 私钥密文：主密钥对私钥进行 AES-256-CBC 加密解密的结果，过程为对称加密。

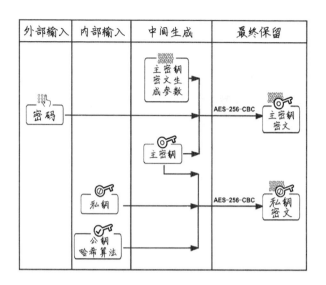

根据加密解剖图,加密过程可以解剖如下。

首先,程序生成32个字节随机数作为主密钥,然后根据外部输入的密码,结合生成的主密钥密文生成参数,一起对主密钥进行AES-256-CBC加密,加密结果为主密钥密文。

稍后,我们将主密钥对钱包内的私钥进行AES-256-CBC加密得到私钥密文,待加密完成后,删除私钥,保留私钥密文,同时删除主密钥,保留主密钥密文和主密钥密文生成参数。

就这样,钱包的加密就完成了。

接下来,我们总结一下加密过程的输入和输出参数。

- 输入:密码。
- 中间生成:主密钥、主密钥密文生成参数、主密钥密文、私钥密文。
- 最终保留:主密钥密文生成参数、主密钥密文、私钥密文。
- 内部输入:私钥。

比特币的整个加密流程是非常安全的，我们上述提到的公钥和私钥是比特币使用椭圆曲线算法（也就是 Secp 2561k1 曲线）生成的。这种算法十分强大，如果不是存在大量突破性的攻击，它可以持续使用多年，具有安全性和保障性。

未来的元宇宙的数字 ID 将会有更方便、更强大的加密机制，但本质的问题不会改变，你的数字财富将完全属于你自己，没有人可以剥夺。

私钥加密只是元宇宙在数学方面的冰山一角，在元宇宙的世界，处处都充满数学的保护。

什么是智能合约

上面详细介绍的私钥加密的数学技术，就是元宇宙底层的数学基石，而建立在这些数学基石之上的"智能合约"，就是维护元宇宙宏观世界得以秩序井然的关键。这些"智能合约"以智能化的方式维护着元宇宙的各种复杂的社会关系。元宇宙不相信人的承诺，但相信程序代码。

 合约

合约，常被称为"契约"，本质为一种合意，依此合意，一人或数人对其他一人或数人负担给付、作为或不作为的债务。双方当事人以发生、变更、担保或消灭某种法律关系为目的的协议，就叫合约

（契约）。

新婚燕尔，一纸婚约是为合约；

你借我贷，电子贷款协议也是合约；

你上班我付工资，劳动雇佣关系也是合约；

……

合约无处不在，协议也就遍地丛生。

✦ 智能合约

"智能合约"概念由计算机科学家、加密大师尼克·萨博（Nick Szabo）在1994年所写的《智能合约》论文中定义：一个智能合约是一套以数字形式定义的承诺，包括合约参与方可以在上面执行这些承诺的协议。

（1）数字形式

数字形式意味着合约需要被写入计算机可执行的代码中，只要参与者达成协定，智能合约建立的权利和义务就会由一台计算机或者计算机网络执行。

①达成协定：智能合约的参与方在什么时候能达成协定呢？这取

决于特定的智能合约的实施。一般而言,当参与方通过在合约宿主平台上安装合约并致力于合约的执行时,合约就被发现了。

②合约执行:"执行"的真正意思也依赖于实施。一般而言,"执行"意味着通过技术手段积极实施。

③计算机可读的代码:另外,合约需要的特定"数字形式"非常依赖参与方同意使用的协议。

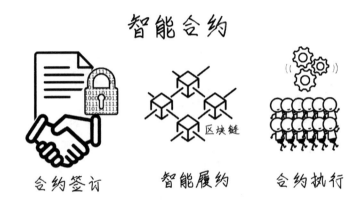

(2)协议

协议是技术实现,在这个基础上,合约承诺被实现,或者合约承诺实现被记录下来。选择哪个协议需要考虑许多因素,最重要的因素是合约履行期间被交易资产的本质。

萨博认为智能合约的基本理念是,许多合约条款能够嵌入硬件和软件。他认为,嵌入式合约最初的应用实例是自动贩卖机、销售点终端、大公司间的电子数据交换和银行间用于转移和清算的支付网络。另一个嵌入式合约的例子是数字内容消费,如音乐、电影和电子书等领域的数字版权管理。

数字化的合约便于检视执行

如此看来，智能合约一开始就是奔着超越普通的纸质法律合约的目的去的。数字化、智能化的代码直接嵌入软件之中，这是一种执行力非常强的虚拟合约。

（3）本质

从本质上而言，智能合约是一种直接控制数字资产的计算机程序。它通过在区块链上写入类似 if-then 语句的程序，使得当预先编好的条件被触发时，程序自动触发支付并执行合约中的其他条款，也就是说，它是储存在区块链上的一段代码，由区块链交易触发。

如下图所示，它就是一个简单的交易程序。

```
If Event_X_Happened():
    Send(You, 1000$)
Else:
    Send(Me, 1000$)
```

这样一个语句的意思是，你我约定，如果事件 X 发生，则合约给你发送 1000 美元；否则，给我发送 1000 美元。这是最简单的合约。

智能合约是部署在区块链上的计算机程序——DAPP（分布式应用）的基础单元。DAPP 可以看作一组相互关联的智能合约，它们共同促成高级功能的实现，就像大型 IT 系统是由多个子系统或模块组成的，它们共同产生"整体大于部分之和"的效益。

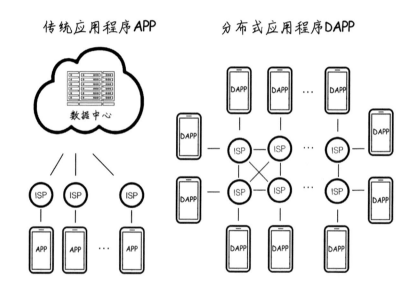

DAPP 是通过在区块链层部署一组智能合约，然后与这些智能合约进行交互而实现的，包括以下几个方面。

①供应链跟踪和交易解决方案，像 IBM 和沃尔玛的试点。

②预测市场的平台，如 Augur。

③分布式自治组织，如 The DAO。

④区块链游戏，如 Axie Infinity、以太猫。

⑤合约，如 Loot。

什么是 NFT

NFT 是智能合约的一种，或者说是一种特殊的智能合约。NFT 全称为 Non-Fungible Token，意思是非同质化代币，是一种记录在区块链里，不能被复制、更换、切分的，用于检验特定数字资产真实性或权利的唯一数据表示。

NFT 可以用来表征某个资产。在区块链上，可以将数字资产分为原生货币（Coin）、数字资产（Token）和数字通证（NFT）三大类。

原生货币中有代表性的是大家熟悉的比特币、以太币等，它们拥有自己的主链，使用链上的交易来维护账本数据，它们是公链上的中间等价物。

数字资产依附于现有的区块链，使用智能合约来进行账本的记录，如依附于以太坊而发布的各类 Token，它们可以无限拆分。

数字通证则是在数字资产后面添加了一个合约 ID，这个 ID 是独一无二且不可分割的。

Coin、Token、NFT 这三者将是元宇宙经济运行的流动标态，Coin 代表的是元宇宙里大家公认的交易货币，它应该是稳定的、弹性通胀的，它的发行和交易体系应该遵循更加智能的数学协议，如以太坊的 EIP-1559 燃烧机制。Token 则是股市里的资产，它是不稳定且有投资风险的，但相对于现实世界里的证券，它会变得更加透明。NFT 更像实物资产，它是独一无二且不可分割的,但相对于现实世界,它的交易又是光滑的。

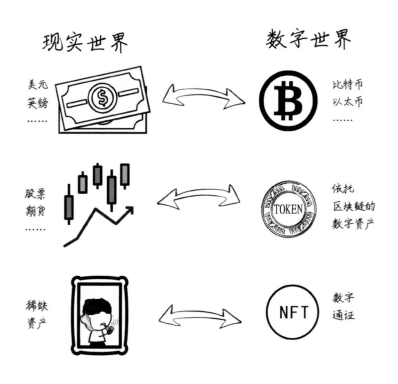

◆ **NFT 的价值**

2021 年 3 月,数字艺术作品 *Everydays: The First 5000 Days* 在佳士得拍卖行的首场 NFT 拍卖会上结标,得标者以 6934.6 万美元的价格取得了该作品的"不可替代代币",即 NFT。

当前的 NFT 热潮吸引了许多大公司加入,全球支付技术公司 VISA 在流行的 NFT 收藏品 *CryptoPunk 7610* 上花费了 150000 美元。社交媒体平台 TikTok(抖音短视频国际版本)在其应用程序上推出了 NFT 系列,用户可以在其中拥有独特的历史部分。在 NFT 提速的同时,许多市场持续进行激烈的竞争,希望成为用户的首选平台。截至 2021 年 11 月,NFT 市场中以太坊的平台 OpenSea 的交易总额已达 100 亿美元。

密码资产采用非对称密码技术和分布式共识机制,即"密码共识"确权和流通的数字资产。与之前的密码资产——密码货币(比特币、以太币等)和密码证券(ICO)不同,NFT 是非同质的、不可拆分的数字资产。

如果把比特币看做可分割的黄金,NFT 就是油画,每一幅都不同,原画一旦分割就会失去价值。尽管在短期内会有泡沫,但在长期的密码经济中,NFT 会是资产存在的一种常见形式。

✦ 稀缺性

NFT 的价值在于它的稀缺性,稀缺是指相对于需求,艺术品可以给人带来感官上的愉悦,但它总是有限的。古典经济学大师早就意识到艺术品这类特殊商品的稀缺性,英国古典经济学的代表人物大卫·李嘉图(David Ricardo)在论及艺术品等具有稀缺性的商品时就曾指出,有些商品的价值是由其稀缺性所决定的,劳动不能增加它们的数量,因此其价值不能由于供给的增加而减少。属于这一类的物品有稀有的雕像和绘画、稀少的书籍和古币,以及在特殊土壤里栽培的葡萄所酿制的数量极其有限的葡萄酒等。它们的价值与最初生产时所需要的劳动量全然无关,而随着愿意拥有它们的那些人的财富状况和偏好程度变化。

俺可是唯一的

稀缺性,就是解开这些稀有商品定价和交易行为之谜的一把钥匙。NFT 赋予每个对象一串独一元二的代码,这就让虚拟世界中的资产有了稀缺性。

NFT 搭建了一套新的契约模式,给数字创意作品的所有权识别带来了极大的便利。当然,NFT 也不仅仅局限于艺术市场,投资人买到的东西是什么、有什么价值,取决于 NFT 原本是什么,以及 NFT 原本有什么价值。

 数字原生

然而,由于原子形式和比特形式注定是两个不同的形式,所以现在的NFT市场存在一个天然的矛盾：大部分的NFT产品，它在物理上是独一无二的，同时又想进入比特世界，而这两种形式一旦综合起来是相当复杂的。

从最底层的逻辑来讲，所有原子形式的产品都不是真正意义上的NFT，它有着天然不可更改的缺陷。所以，如果你烧掉了原来的画作，即便你用相机拍下来，照片也只是一种数字模拟信号，而非原生性的数字作品。

这是什么意思呢，就是你直接在数字化的空间里进行创作，艺术品一出生就是比特，压根儿就不需要考虑原子的问题。对这种数字化原生的艺术品来说，绑定NFT、证明稀缺性乃至独一无二性，才是最合理的。

以 Loot 这个数字原生产品为例，每个 Loot 代表一个装备包，共有 8000 个 NFT Loot 包，每个包都有一个编号，让收藏家可以识别他们的 NFT。假设每个 Loot 都包含 8 个装备，因此有 8 行字，每一行代表着一种装备，分别为武器、胸甲、头甲、腰甲、足甲、手甲、项链、戒指。

每一个 Loot 天生就是原生的，它的基因就是不可更改的比特信号，如果未来的"元宇宙"中的各种应用愿意接受 Loot 这个智能合约，那么即使进入任何一个元宇宙的产品之中，最终都可以形成一个自己的、超出任何产品的世界。

NFT 将会成为最新一代所有权数字化标志方式，这对虚拟世界的交易将会产生难以预估的长远影响。

数学契约论

元宇宙的底层逻辑，是一个从相信人性到相信数学的过程。

加密数学工具给人类的新文明带来了可能性。

丛林时代的人类生活在一个个小部落、小集体中，这是一个血缘/熟人社会关系，他们面对陌生人的部落时，彼此充满了敌意和恐惧，无法和陌生人建立信任关系，遇到争议一般凭武力解决。人类只能在部落内的熟人之间才能享受合作与和平的幸福。

社会契约诞生以后，人类从丛林世界中走出来，逐步进入现代社会，现代文明就是和没有感情的陌生人能共同遵守同一规则，按照价格信号和契约互相达成利益的分配，不必产生恐惧和敌意。文明人碰到陌生人，自有一套规则互相避免伤害，另有一套规则实现分工合作，这些契约必须通过文字记录，这种契约精神也必须使用语言和文字向外传播。如此一来，从15世纪大航海时代开始，人类借助文字、法律实现了全球信息互通。

然而，人性总是有缺陷的，虽然有条文承诺，但不一定所有人都会按要求去执行。契约也是需要成本的，如纸张成本、公证人成本、监督成本、惩罚成本……然而无论付出多大成本，契约始终存在各种漏洞，没有任何一套法律条文能够涵盖所有情况。钻法律空子、找契约漏洞成了各种职业人套取利益的常态。国家之间发生违约就容易导致战争，这也是几百年来发生数次全球性战争的因素之一，使得全球化发展屡遭挫折,甚至有部分人对全球化失去了信心。

我们在文字契约上付出了很大成本,身边的违约和诈骗现象却依旧层出不穷,国家之间的冲突也依旧此起彼伏。因此,建立新型的信任机制是必然趋势,我们非常需要进入数学契约时代。数学契约仍然是契约,其功能仍然是在陌生人之间建立信任、执行合约。

但是,技术手段的改变使这种新型契约不同于纸质契约,它具有以下几种特点。

- 纸张成本改变,只需要一套数学代码,消耗电量和存储空间。
- 公证人成本消失,不需要第三方公正,因为数学代码就已很清楚明白。
- 监督成本消失,监督环节内置于程序之中,数学契约随时跟踪契约执行情况,一旦出现违规就会自动报警并阻止违规行为,有点像杀毒软件对异常代码的自动检索。
- 法院成本大幅降低,违约官司变少,因为检查一下双方代码运行情况就能辨别谁违约了。
- 惩罚成本也大大降低,不需要专门成立惩罚机构。

……

其中最重要的是,数字契约的监督过程是实时跟踪的,数学契约自动检测订约人在订约后的行为,每个人在元宇宙的任何行为都会被自己的数学契约智能监督,在违约的瞬间就会被警告或禁止,后续违约动作基本不可能再发生,任何人都没有一点"钻空子"的机会。

元宇宙不只是一个体验世界,更是一个数学世界。数学将会打通元宇宙的体验层和物理层，数学也可以消解人类在比特世界的不信任感。因此，数学才是元宇宙能够运转的动力，智能合约则是元宇宙世界治理的关键。

一个不需要相互猜忌的"坦诚"社会

数字契约的监督可以做到实时监控

一旦数学上的合法性建立起来，元宇宙世界的发展就不可阻挡。

18世纪，卢梭写下《社会契约论》后，丛林法则便失去了它的逻辑基础。"社会契约"为现代文明的发展设立了指导原则，引领整个人类现代文明蓬勃发展。

到了今天，"社会契约"还在发挥它的余热，它用人性温暖的一面约束人类暴力的一面，用人性之善约束人类之恶。但弊端也非常明显，因为社会契约的主体执行者是人，但人本身就有弱点。就好比一场足球赛，如果参赛者、规则制定者和裁判都是同一人，那么这场比赛就注定不可能公平。

"数学契约论"则是用数学来约束人性，用合约前置来约束人类的行为。程序、智能合约、算法、数字财富都是"数学契约论"的重要组成部分。借由数学这种严谨外力来维持秩序，人更多时候被排除在执行者之外，互信的基础将更加牢固。

根据社会发展的规律，我们可以猜想，到21世纪的后半叶，"数学契约论"将会渐渐超越甚至取代"社会契约论"，这一切将在元宇宙的世界里得到实践，这也是元宇宙的到来让人激动的原因之一。

宏架构:
从原子到比特

Metaverse

元宇宙需要宏架构，每个企业，甚至每个人都可以是创世者。

宏架构强调全局视野，在重视功能特性的同时又不忽略非功能属性，如容错、安全、性能、可维护性、可扩展性、可运维性等，随着时间的推移、数据体量的陡增，这些功能特性将会不断演化。

互联网的架构是 TCP/IP 模型，包含了一系列构成互联网基础的网络协议，这一系列协议组成了 TCP/IP 协议簇。基于 TCP/IP 的模型分为链路层（网络接口）、网络层、传输层和应用层。在这四层 TCP/IP 模型出现并广泛应用之前，国际标准化组织定义了网络协议的基本框架，这种基本框架被称为 OSI 七层模型（开放系统互连参考模型）。

TCP/IP 模型与 OSI 模型各层的对照关系如图所示。

元宇宙作为一个既可以连接现实世界又能独立发展的虚拟宇宙，在"去中心化"的协作模式下，最终也会形成自己的标准宏架构。

宏架构要解决如下问题。

- 从原子到比特的转换（生产资料）。
- 数据流的交互控制（生产力）。
- 数据库的智能分类（生产关系）。
- 经济模型的稳定运行（所有权）。

元宇宙被称为互联网的下一站,在我们的设想中,元宇宙可以构建这样一个七层的宏架构:自然层、物理层、交互层、数据层、协议层、合约层、应用层。

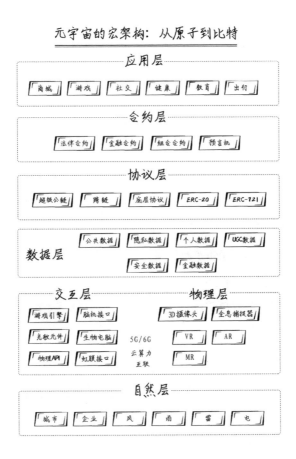

元宇宙的宏架构:从原子到比特

◆ 自然层:城市、企业及现实世界的自然环境数据

元宇宙的演化可以分为三个阶段:数字孪生、数字原生、虚实共生。

第一个阶段是数字孪生,又叫镜像世界,这个阶段主要是现实世界、物理世界的数字映射，原子物质转化为比特信息。

第二个阶段是数字原生，原生态的比特信息将在这个阶段获得大发展，这个阶段运行的个体将具有天生的数字基因，这些新个体将与物理世界不再有任何关系。

第三个阶段是虚实共生，在这个阶段，数字原生品将反过来影响现实世界，比特以原子的形态在物理世界出现。

元宇宙建设的第一步，首先是从自然世界获得基本生产资料，而这些基本的生产资料的来源，就是宏架构中的自然层。

现实世界是元宇宙最初生产资料的生产基地，其中最重要的两个来源是城市的数字孪生和元宇宙企业数据。第一数据来源是城市的数字孪生，它是各维度的数据融合在一起；第二数据来源是企业的原始数据，它会主动与元宇宙进行连接。

当然，自然界的数据还有很多，如卫星扫描图，山川河流的实时数据，风雨雷电的气象资料，这些都是元宇宙最重要的生产资料。

自然层为元宇宙提供了最初的养分。

 物理层：VR、AR、MR、3D 摄像头、全息捕捉器等

物理层是元宇宙从自然界获取资料的科技装置，在元宇宙的宏架构中，物理层是将原子信息转化为比特信息的设备和容器。

物理层的主要设备包括 VR、AR、MR、3D 摄像头、全息捕捉器等。

现阶段，人们普遍认为元宇宙时代的物理支撑（硬件支撑）为 VR、AR、MR，它们分别是沉浸式虚拟现实、增强现实和混合现实，可以被统称为 XR，也就是扩展现实。在科幻电影中，VR 和 AR 技术很常见。它们通过虚拟现实与视觉技术将想象情境反馈到人类的器官，提供更深层次的沉浸感。

那么，XR 在物理层方面到底能做到什么？VR 实现的是虚拟世界完全置换现实世界，AR 实现的是虚拟世界可叠加在现实世界，MR 实现的是现实环境与虚拟环境的相互混合。

✦ 交互层：游戏引擎、脑机接口、光敏元件、生物电脑、物理 API、虹膜接口

交互层是现实世界与虚拟世界的出入口，也是将自然界的原子信息转换为元宇宙的比特信息的转换通道。交互层在元宇宙的"十一维框架"中属于"物理沙盒"，它是软硬件技术的交汇点，直接影响两个世界的信息交互，是元宇宙建设非常关键的要素。

游戏引擎、脑机接口、光敏元件、虹膜接口、生物电脑、物理 API 都是非常重要的交互路由。

在整个现实世界向虚拟世界（元宇宙）转型的过程中，游戏引擎起着至关重要的作用。游戏引擎是一些已编写好的可编辑电脑游戏系统，或者一些交互式实时图像应用程序的核心组件，它是游戏所需的要素和工具的集合。游戏引擎将会决定我们在元宇宙中能否拥有更加真实的体验。

脑机接口，它可能是人机交互的终极技术，脑机接口使得大脑和计算机能够直接进行交互，因此又被称为意识—机器交互、神经直连。

除了脑机接口之外，还需要光敏元件，通过它可以控制单个或成组的神经元，进行神经信号的读取和写入。

脑机接口：
物理人的终极人机交互界面。

虹膜接口主要解决的是元宇宙交互难题，尤其是眼动跟踪。眼动跟踪的原理其实很简单，就是使用摄像头捕捉人眼或脸部的图像，然后用算法实现人脸和人眼的检测、定位与跟踪，从而估算用户的视线变化。

现实世界和虚拟世界的相互连接，一定还有很多的物理API接口，交互层将直接影响两个世界的数据流通。

◆ 数据层：公共数据、隐私数据、个人数据、UGC数据、安全数据、金融数据等

现实社会的基建材料是钢筋混凝土，与之对应的，元宇宙的基建材料是数据。数据的叠加、堆积及组合，将会构成元宇宙这一多姿多彩的世界。

数据层正如其名，由各种数据构成，如公共数据、隐私数据、个人数据、UGC数据、安全数据、金融数据等。

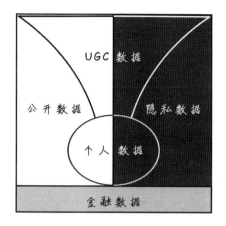

- 公共数据：公共数据属于元宇宙的共有资源，可以理解为是所有人皆可查看和使用的数据资源。元宇宙本身便是基于开源的分布式技术中的公共数据的开放性，来规避中心化平台的垄断。这些公共数据是开源的，是属于元宇宙中所有人的。有哪些数据是公共数据呢？如元宇宙的城市信息、慈善信息、公共教育信息等，都属于公共数据。

- 隐私数据：隐私数据属于元宇宙的非公开数据，在元宇宙中，隐私数据能够被很好地保护。基于区块链的去中心化机制，隐私数据只有权利主体才可以选择公开或者不公开。

- 个人数据：个人数据是指与个人相关的数据，个人数据一部分属于公开数据，一部分则属于隐私数据。公开的个人数据可以在元宇宙中查找到，是你向他人展示的信息。非公开的个人数据属于你的隐私数据。个人数据归个人所有，平台如果需要使用则必须支付费用。

- 安全数据：安全数据属于元宇宙中保护数字世界不被攻击、稳定运行的基础性数据，一旦被确认，很难被篡改。私钥加密、价值传递、个人隐私这些数据都属于"安全数据",安全数据不由个人或单个中心节点决定,而是由加密算法或者组成元宇宙的多节点通过共识算法共同确认。安全数据:安全数据属于元宇宙中保护数字世界不被攻击、稳定运行的基础性数据,一旦被确认,很难被篡改。私钥加密、价值传递、个人隐私这些数据都属于"安全数据",安全数据不由个人或单个中心节点决定,而是由加密算法或者组成元宇宙的多节点通过共识算法共同确认。

- UGC 数据:UGC(用户原创内容)数据是元宇宙用户生产原创内容所产生的数据,它是元宇宙不断更新和扩展的基础,也是元宇宙中重要的内容支撑。元宇宙本身就是一个庞大的 UGC 平台,这些被用户创造出来的 UGC 数据,是属于创造者的数据,NFT 是 UGC 数据的一种,可以在元宇宙中进行流转和交易。
- 金融数据:金融数据是与元宇宙经济体系相关的数据,包括 NFT、虚拟货币、交易、虚拟世界与现实世界交汇产生的金融数据等。它既包括个体的财产资源,如个人的 NFT 虚拟资产,也涵盖了整个元宇宙经济体系下的交易数据。

以上只是一些数据的简单分类,事实上,元宇宙中的数据层会有更多各式各样的数据。

✦ 协议层:超级公链、跨链、底层协议、ERC-20、ERC-721

在网络世界中,协议是计算机双方必须共同遵从的一组约定,如怎样建立连接,怎样互相识别等。只有遵守共同的约定,计算机之间才能进行交流。

约定这个规则在元宇宙中同样适用,元宇宙同样需要一系列的协议来支撑整个世界的运行,保证元宇宙的统一和公平。

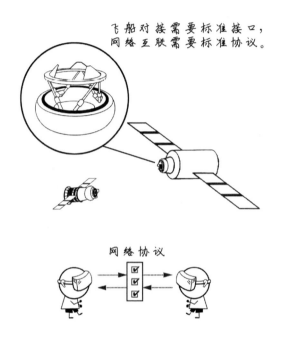

在元宇宙的宏观构架中,我们用以下几个关键词来理解协议:超级公链、跨链、底层协议、ERC-20、ERC-721。

- 超级公链:元宇宙需要超级公链作为主链,用以记录信息,所有人都可以在公链上读取交易、发送交易,且交易能获得有效确认,也可以一起参加构建共识算法或者共同规则。通过这条超级公链,可以延伸出无数多条支链,它们将代表教育、生活、医疗、游戏、慈善、职业……目前来看,这条超级公链很有可能是以太坊,但由于以太坊目前仍存在很多问题,它有成为超级公链的潜质,但首先需要解决本身存在的一些缺陷。
- 跨链:在超级公链下有无数支链,这些支链都是独立的,原则上两条独立链上的价值没有办法转移,但在元宇宙中有一个重要要求,即资产的归属和价值可以无障碍流动并得到广泛确认,因此,它们必须是互联互通的,这就需要用到跨链技术,即用户在一条区块链存储的价值,能变成另一条链上的价值,从而实现价值的流通。
- ERC-20 是以太坊公链下发行同质化代币的协议,它的 Token 是可以进行交易置换的。这些同质化代币有一个特征,即可以与其他基于相同协议的代币交换。同时,它们具有可分割性,可以细分到 10^{18} 份。
- ERC-721 则属于非同质化代币协议,在 ERC-721 协议下,非同质化代币,也就是 NFT,是不可分割的,只能使用一整个代币,而无法将其拆分成更小的单位去使用。

协议层与物理层和交互层不同,它并非直接体现在硬件层面,在元宇宙中也不会直接被终端用户所感知。不过,它和互联网背后的 TCP/IP 协议是一样的,支撑着整个元宇宙的运行。

底层协议:越是底层协议,越靠近物理硬件,越是底层协议,影响的层级越多。在元宇宙中,底层协议既涵盖了互联网在互联和信息技术上的底层设定,也包括了区块链技术形成的去中心化底层逻辑。它包含以下内容:通信交互、价值传递、数据记录、数据传播、数据存储等。底层协议是协议层的基础,同时也是元宇宙的运行基石。即底层协议是元宇宙底层的软体部分,也是比特世界的基础协议。

◆ 合约层：法律合约、金融合约、组合合约、预言机

元宇宙中的合约，都需要被写入计算机可执行的代码中，只要参与者达成协定，合约建立的权利和义务的相关内容程序，就会由一台计算机或者计算机网络执行。

合约是协议之上的应用，元宇宙世界会存在无数的合约，我们能看到的最主要的合约有法律合约、金融合约、组合合约和预言机等。

- 法律合约：在元宇宙的世界中，法律由智能合约写定，并且由代码执行。元宇宙的法律合约中写入了元宇宙中所有需要遵守的法律行为，当某个人的行为违反法律合约时，元宇宙会自动根据合约的内容对这个人进行惩罚。在元宇宙中，代码即法律。

元宇宙中，代码即法律

- 金融合约：现实世界的金融契约在元宇宙中也被智能合约所取代。在传统世界的金融契约中，支付和清算过程非常烦琐，耗费时间长，手续费高，可获取性低，且权力和资金集中在传统金融机构中。而去中心化金融（DeFi）提供一系列去中心化的金融应用，未来可以更广泛推广。

- 组合合约：组合合约可以依靠 DeFi 与 NFT 来实现。NFT 作为非同质化通证，它可以是价值的载体；而 DeFi 协议则被比作

乐高积木，系统允许这些协议和应用程序相互连接。当 NFT 和 DeFi 被组合起来时，它们可以创建全新的组合合约，整合、分解或重构不同的数字证券和智能协议，以此来实现合约的复合性。

- 预言机：预言机并不是一个预测的工具，实际上它是一个将数据从系统外传输到系统内的工具，或者说，是一个将数据从区块链外传到区块链内的工具。作为链下数据与链上数据的传导机制，预言机将现实世界的数据准确无误地写入区块链，写进元宇宙，保障元宇宙数据的真实性。可以说，它是实现智能合约的基础，也是元宇宙合约层的基础。

◆ 应用层：商城、游戏、社交、健康、教育、出行……

在元宇宙中，前面的自然层、物理层、交互层、数据层、协议层、合约层都是为应用层服务的。在这一层中，有各种各样的应用，用于进行数字化生存和数字化生产，应用层大致可以分为商城（消费）、游戏、社交、健康、教育、出行等。

- 商城，或者说消费购物，也会是元宇宙的应用之一。在新冠疫情期间，人们已经习惯网络购物，网络购物可以满足物质和精神上的双重需要。元宇宙将构建沉浸式的数字孪生电商，用户可以利用虚拟的数字身份，获得更好的购物和消费体验。
- 游戏是元宇宙的重要呈现方式，作为目前元宇宙的先发领域，进入游戏后，我们能体会 VR 带来的高沉浸感和 UGC 游戏的创造力，现在已有部分游戏已体现出基本的元宇宙底层逻辑和虚拟体验，如《我的世界》等。

- 社交和游戏一样，同属于人类数字化生存的起点。得益于元宇宙中新身份的高沉浸感，元宇宙使用户群体间形成了一个个稳定的社区。而 VR 技术的发展，可能会带来一次新的社交革命。
- 健康方面，在元宇宙中，你可以不分天气、不需要场地地利用碎片化时间来运动健身。在线机器人教练可以通过体感设备和监测指标指导你的动作，根据每个人身体情况进行数字化指导。
- 教育方面，元宇宙可以打造数字孪生课堂，能够让用户在家中也能获得和在学校上课一样的感觉，元宇宙和教育之间具有天然的平行性和可覆盖性，有助于实现教育公平，提高教育质量。
- 出行方面，元宇宙将为用户提供足不出户就能周游世界的虚拟场景服务。普通人可能一生都没办法登上珠穆朗玛峰，但在元宇宙中，你可以通过 VR 设备，与他人结伴登上峰顶，体验一览众山小的感觉。在元宇宙中，你可以与蝙蝠侠一起攀爬东方明珠，在迪士尼童话世界里举办生日宴会，到拉斯维加斯发泄压力，这些都可以在一天之内做到，而你甚至不需要跨出自己的房间一步。如果愿意，你还可以驾驶飞船，去真实的外太空探险……

元宇宙的应用无穷无尽，在现实世界能做到的事情，在元宇宙一定能做到，而某些我们在现实世界无法做到的事情，在元宇宙中也可以做到。

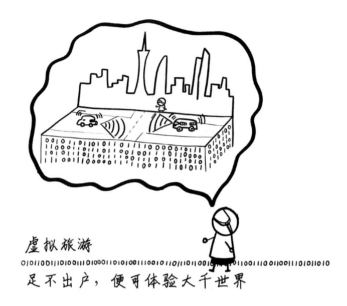

虚拟旅游
足不出户，便可体验大千世界

元宇宙的整个宏观架构，从底层到顶层，每一层都有存在的必要。元宇宙的最上层应用，会从游戏、社交等领域逐步向其他领域扩散，直至虚拟空间最终都能够与现实世界的生产制造、衣食住行等建立完美的映射和连接。

顶层应用适用领域逐步扩张的过程，也是元宇宙技术中物理层、交互层、数据层、协议层、合约层高速发展的过程。随着相应的硬件、软件、资源、技术等不断进步和迭代融合，元宇宙的宏观架构会慢慢演变，最终构建出一个无限趋近于完美的数字世界。

更值得期待的是，元宇宙宏架构的建设，我们每一位用户都可以参与，元宇宙就是人类的再创世界。

一个万亿
美元的机会

Metaverse

在我们的现实世界中，用数字再造一个人类世界，这听起来像天方夜谭，但对元宇宙来说，这却是可以望见的真实。

元宇宙远远不只是 VR/AR 和全真互联网，更是不久将来人类的全新的生活方式。如果说互联网只是延伸了人的精神世界，那么元宇宙就是实现了将用户整个人完全纳入另一时空，甚至有可能塑造出一个新物种，它将无限提升人在这个新时空中的体验，扩展人的创造力、想象力，现实世界也将会一步步地镜像、迁徙到虚拟世界中。

新大陆与元世界

 发现新大陆

哥伦布的远航是大航海时代的开端，对现代西方世界的历史发展有着不可估量的作用。新航路的开辟，改变了世界历史的进程。

新航路的开辟使世界各地日益连成一个整体，经贸活动开始繁荣，促进了文艺复兴的发展和资本主义的萌芽。经历了这些变革，西方逐步走出了中世纪的黑暗，开始以不可阻挡之势崛起于世界。一种全新的工业文明成为世界的主流，现代文明开始迅速普及。

元宇宙同样是一个新大陆，而且这个新大陆是由人类自己创造出来的。

◆ 文明冷启动

人类自诞生以来,前期的成长是艰涩而缓慢的。从茹毛饮血到刀耕火种,从渔猎采集到稳定的劳动耕作,人类最初的成长时光蒙昧又漫长。然而,两百年来偶然的几次冷启动,造就了现代文明的迅猛发展。

18世纪,英国人瓦特改良了蒸汽机,使社会从手工劳动向动力机械生产转变。

19世纪,电力的大规模应用推进了文明的跃进。

20世纪，计算机和电子数据的普及与推广造就了第三次工业革命，即信息技术革命，信息技术革命彻底改变了人类社会的运作模式。以后来诞生的苹果、微软为代表的科技公司掀起了互联网时代的大幕，至今仍在影响着我们生活的方方面面，信息技术革命堪称对人类社会影响最为深远的技术革命。

互联网从20世纪80年代发展至今，已经走过了三十多年的历史。今后又将会有什么样的技术来推动人类的发展呢？元宇宙很有可能是其中一种选择，它与互联网有些相似，并非某一个技术天才的推动，而是各种技术发展到一定阶段后的融合结晶。

◆ 发现元世界

区块链是自由主义极客的理想试验，同时工程师极客使用VR/AR的技术建立了一个"理想国"，将这两者结合起来的元宇宙是一块真正的新大陆，只要摆脱旧有的"田园思维"，愿意接触一个"去中心化"的世界，那么任何人都可以在这片土地上组建自己的"城邦"。尽管最开始这片土地上只有部分程序员构建的自己的智能合约，但在不久的将来，会有很多"探险者"来这个世界"淘金"，最终建立起一个融合物理大陆的"元世界"。

元宇宙中的经济学是一个全新领域，能够从逻辑上自圆其说的都

是"元经济学"。例如,像《货币的非国家化》中的内容,很可能会被纳入"元宇宙经济学体系"。

除此之外,人即货币、共享主义、信仰即财富等也将是"元经济学"要参考的概念。

- 人即货币:每个人都有自己映射的 Token,这些 Token 可以量化自己的价值。
- 共享主义:同一社区的用户将可以分享社区所创造的价值,有天然的共同富裕的特色。
- 信仰即财富:信仰和财富是不分离的,你所认可的宗教和财富可以合二为一。

在这里,我们具体谈一下"人即货币"理论。

如果人类文明最有用的数据在链上运转,那么,虚拟和现实界限必将模糊,人与货币渐渐融合。到那个时候,人从出生起就是天生的点对点的信任机器,人即货币,人本身就成了衡量一切的价值标准。

一个人出生的时间,就是自己钱包创世块产生的时间。个人货币 Token 将会成为社会运行的基本单位,人与人之间自由交换价值,无须第三方背书,去中心化的交易所会给出一个标准的兑换价格。所有个人货币的价值,都是基于人和人、人和机器、机器和机器之间形成的共识,通过算法予以确认。

如果在技术加持下,
信任来源于人的本身,
那么人就是天生的"货币"。

　　一个人所代表的价值被直接以货币的形式体现,这是信用社会建立的基础。每个人从出生到死亡的一生数据的确权,使得这样的数据极有价值,我们的数据能成为我们的信用背书,在此我们可以尝试着提出"人即货币"三大基本定律。

- 第一定律：每个人都有发行货币的自由。就像每个人拥有劳动的自由一样，任何人都有发行自己货币的权利，每一个人都可以用自己的信用做背书发行货币 Token，来募集生产资料，实现自己的想法。
- 第二定律：个人价值 = 个人币值。人最重要的信息都在区块链上得到体现，币值直接对应着个人价值，币值随市场的行情波动，个人行为直接影响币值行情，要了解一个人当前的社会价值，看他的币值就够了。未来经济基本单位不再是"公司"，而是"个人"。股票不再是公司的交易，而是人的交易。
- 第三定律：人币同在。人即货币，货币即人，这两者不可分离，两者互为镜像，一个是现实世界行走的碳基生命，一个是在区块链上奔波的硅基灵魂。人死币没，币殁人亡。

人即货币可能是元宇宙的基石，是高版本的共识时代，这样的社会将最大限度让人类达成协作，通过自律来换取更大的自由和信用，让自发行的货币更有价值。

你的一生，其实就是数字货币的一生，你一生的价值都凝结在属于自己的 Token 上，从出生到死亡，你全部的轨迹都被记录在区块链上，所有的信息都一目了然。实体的你与区块链上的你，将互相映射。

利益共同体

元宇宙将给科技产业提供一个新航向，经济上的共同目标将会造就巨大财富，无数的企业将会组合成不同的产业链，在良性竞争中最终形成一个元宇宙"利益共同体"。

真正意义上的元宇宙需要更多的技术进步和产业聚合，可能要 20 年或更长时间才有可能实现。不过，时间越长积累的想象力越丰富。伴随物理世界的数字化迁徙，虚拟世界或将成为理想中的"元宇宙"，承载更多想象力和创造力。

目前，元宇宙的最大好处在于它会成为技术"核晶"，所有技术将以它为中心点进行连接、边缘计算、云计算、能源装置、应用软件、区块链、虚拟引擎、XR 技术、数字孪生、人工智能等技术创新将逐渐聚合。

以上的任何一项技术，都可能催生一个千亿美元级别以上的产业。

与此同时，基于以上技术的应用也会提前进行产业布局，包括游戏平台、数字孪生城市、产业元宇宙、科幻文娱等。这些产业，也都将创造千亿美元级别以上的财富。

公链和智能合约是元宇宙的起点，游戏和社交则是元宇宙的财富核心，互联网已经发展到了一定阶段，更多的巨头企业将会转向"元宇宙"。在不久的将来，英伟达、特斯拉、腾讯、字节跳动、米哈游、Meta、苹果、微软、亚马逊、谷歌、阿里巴巴、百度、小米等公司都将会迅速行动起来。到那时，元宇宙中的经济活动将初具雏形。

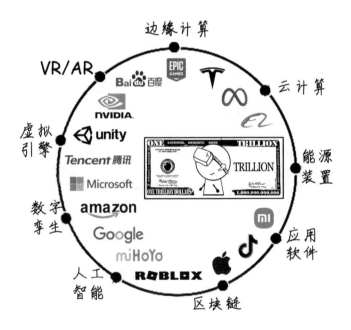

- 数字活动：爱莉安娜·格兰德的《堡垒之夜》音乐会，虚拟演出收入估计为 2000 万美元。全球虚拟事件市场总值估计为 940 亿美元，这些收入由内容创作者和举办方（虚拟数字平台）等利益群体共同分配。

- 硬件：指虚拟现实和增强现实耳机、图形芯片和全方位跑步机等高科技硬件，到 2024 年，硬件市场有望从 2021 年的 310 亿美元增长到 2970 亿美元。仅从 VR 技术来看，它的市场价值可能超过 1000 亿美元。
- 金融服务：随着交易转向元宇宙，新的服务将会出现，如虚拟商品的保管。金融科技公司，尤其是那些专注于数字领域的金融科技公司，可以在促进这些交易和确保合法所有权方面发挥关键作用。

更多的产业形态，可以从一些科幻体裁的文学作品或影视剧里感知和思考。人类走向"元宇宙"是不可逆转的"时间之箭",游戏和区块链仅是数字化生存的起点,一个万亿美金的"美好世界"才刚刚拉开帷幕。

"魔法"变现

随着元宇宙的开启,人类的想象将变成现实,好像魔法变现一样。

在元宇宙的世界中,所有的叙事都可以变成创造力经济,想象力最终都会落地成为恢宏文明,所有的想象也将会成为数字财富。

在元宇宙世界,内容产业和创意经济最终会成为最大的产业。

在现实世界,我们将创意变成产品是一个从比特变成原子的过程;而在元宇宙里,产品的生产过程有两种可能:从比特变成原子,或者从比特变成比特。

其中,从比特变成比特将创造最大产能,大脑的意识是量子信息流,随着神经科学、信号检测、信号处理、模式识别等多学科的交叉技术的发展,意识将在虚拟世界直接被转化为实物。也就是说,你甚至可以利用梦境来创造世界,如果大多数人进入了元宇宙,那这几乎就是一个"魔法时代"。

另一个生产过程是从比特到原子,这个过程的创造效率也会比现实中提升很多,因为大脑信息首先会在虚拟世界中得到校验,被模拟过的比特信息将会变得更精密、更准确,随着3D打印、精密制造、柔性生产、数字控制等技术的成熟,元宇宙中的创意(大脑意识)

将直接被发送到创造模块（原子制造）中被生产出来。

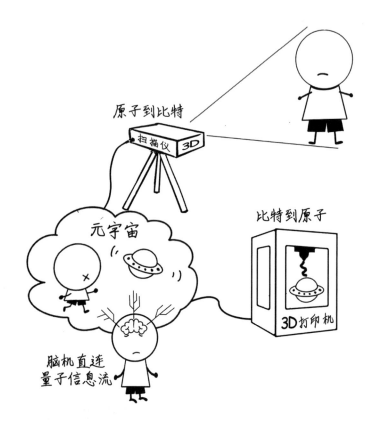

创意和想象力，将是这个元宇宙的最大财富。

只要你满意自己的创意，就可以花费算力将它"镜像"出来；只要你的创意足够新颖，无数的产品制造者会将其生产出来；只要你的世界设定符合逻辑，就有无数的智能合约来帮你将它变成现实。

这就是最理想的元宇宙，它是神话时代的理性回归，也是人类魔法的科技实现。

元稀缺

元稀缺是元宇宙形成之后,在元宇宙中形成的经济形态。

林登实验室发布的《第二人生》游戏参考了现实世界,将首选的稀缺资源设定为土地,不过这是游戏发布者设计的一种制度,每个用户需要向林登实验室租赁土地、建造房子,因此,这里的土地是制度造成的稀缺。值得注意的是,在开放的元宇宙中,如果制度不为所有人接受,它的稀缺就未必能够成立。

数字化虚拟物本质上就是数据,而互联网赖以存在的信息传输和信息处理体系中,数据复制是基础。盗版音乐内容是数字版权的一个重灾区,也正是在这个领域发展出来的数字版权管理技术(简称DRM),试图在内容之中增加隐藏的权益信息,即数字水印。但实际上,我们可以用《黑客帝国》中架构师的话形容DRM:它的开创性与它的失败一样伟大。

而区块链实际上是一种加强版的DRM,它试图将数字艺术品绑定在一个数字算法所锁定的"稀缺性"之上。

元宇宙可能会真正创造出内容创造和内容使用中的"稀缺性"保护机制,因为它将所有行为都关联到使用者的数字身份之上。无论是使用低保真度的传统设备,还是使用高保真度的虚拟三维设备,在内容创造和内容使用两个方面,都确保了用户在虚拟世界和真实世界中留有不可抹除的痕迹,从而为不同平台的互联互通和权益结算提供依据。

也就是说,在一家元宇宙平台中购买的某种品牌的衣服,在另一家元宇宙平台中同样可以使用。请注意,我们谈论的不仅仅是虚拟物品(衣服)的互通,更是它承载的设计、绘制、创意所包含的权益的互通,从而得以在这些权益之上分配真正的稀缺之物。

实际上,任何虚实结合的经济体系中,用于分配的稀缺之物,其本质可能都是使用者的注意力。越是能吸引用户的注意力,提高用户参与时间,物品的价值就越高;越是不能吸引用户注意力,或用户参与时间短,其价值就越低。参与者的注意力管理极可能是元宇宙经济中竞争者们争夺的焦点。

如果少数空间中集中了大量的使用者活动,如虚拟演唱会,则这个空间的价值也就越高。空间的稀缺性可能会在局部热点内容或场景下成立,这与现实世界也高度相似。

同时,元宇宙对于现实算力资源的强大需求,也有可能让资源的争夺从虚拟世界跳回现实世界,即谁可以拥有更多的服务器战略布局,谁可以拥有更强大的算力池;谁能够掌握更高效的人工智能技术,谁就有可能在元宇宙发展中获得优势,而这些资源在现实社会中亦是稀缺的。

无论是什么样的生活形态，资源总是稀缺的，而且虚拟的繁荣反而有可能加强实物的稀缺，这可能就是另一个有趣的话题了。这也更说明了元宇宙经济不是为所欲为的乌托邦，而只是另一种生活形态罢了。

互联网刚刚出现时，人们很难想象它会给人类带来什么，更想象不到它会有如此巨大的创富能力。

今天最具国际竞争力的世界级企业，如苹果、谷歌、微软、亚马逊等都与互联网息息相关，这些企业主导着计算机、通信和互联网的发展潮流，甚至在硬件领域，其强大的半导体、微处理器、计算机和通信设备等同样让人敬畏。

元宇宙带来的改变一定会超过互联网，如果说互联网只是人类五感的延伸，那么元宇宙带来的就是文明的整体跃迁。

元宇宙带来的新经济，将会是一个万亿美元的市场——甚至这只是一种极其保守的估计。

10

2140:
元宇宙的一天

Metaverse

2140年12月4日10时24分

"嘭!"

该死,肯定是隔壁熊孩子又在镜像世界(虚拟世界)里扔石头了。

8岁的小屁孩不应该在物理世界(现实世界)好好读书吗?家长又是怎么回事?不应该控制一下孩子的"上镜"时间吗?

我虽然现在待在镜像世界,但我选择的可是"混合模式",虚拟世界遭到的破坏会复刻到现实中,也就是说,熊孩子真的会砸碎我在现实世界的家中的玻璃!

摊上这样一个邻居真是倒霉!

万幸,根据元宇宙中的智能合约,半小时后我的账户就能收到小屁孩父母打来的赔偿款。可能这个小屁孩还没有接受这样的教育,即不要在虚拟世界肆意妄为。

不过,元宇宙世界最大的好处应该还是"自动赔偿",毕竟像我这么懒散的人,才不会和邻居吵架呢。

闹钟响了。

我取下身上穿的 VR 套装,伸了个大大的懒腰。我看到熟悉的房间、熟悉的窗台和熟悉的日出,与镜像世界并无二致,但一股强烈的负罪感却油然而生。

尽管我总强调,我是为了工作才长时间待在镜像世界,但那只不过是给自己找个借口，实际上我的工作完全可以在物理世界完成。

还是承认自己懒散吧，我确实已经迷恋上了"半数人"的生存方式。

"唉！"我长长叹了口气。

不过，虽然我没有"物理人"那样自律，坚持生活在物理世界，但总比用"脑机接口"完全接入镜像世界的"数字人"要强一些，那些人可是待在镜像世界里永不退出的，隔壁邻居很有可能就是这种人，我有点同情那个熊孩子了。

闹钟再次响起。

今天是休息日，我决定出门走走，作为博物馆的考古人员，我应该去爬爬附近的无名山，最近那里发现了顾恺之的墓。在此之前，谁也没想到，这位东晋大画家的坟冢竟然就在我们身边。

最近馆里一直在考证、记录、复原顾恺之墓中挖掘出的文物，这可不是一个简单的事情，单说那几幅画，每张都价值连城。

在2130年以前，考古工作几乎都是要去现场考察的，但到了今天，现场只要一台3D红外集成AI设备就够了，它能在一个小时内完成数据的扫瞄和采集，而后续的数据整理分析工作，则几乎全部是在元宇宙中进行。

我走到阳台前，不出所料，玻璃果然碎了一地。我花了十几分钟才把玻璃收拾完。

洗漱好后,我看了一眼天气预报。

今天要刮台风,大概率会影响到我们这个城市。

还要去爬无名山吗?我有点纠结了。

恰好此时 VR 设备的红点亮了起来,镜像世界有人在呼唤我。

"你好,亲爱的馆长在呼叫你。"

今天不是休息日吗？去你的"亲爱的"。

但是馆长在孜孜不倦地催我上线，再迟到我就要被扣 Token 了。

我重新戴上 VR 设备，进入元宇宙。

"是否继续选择'混合'模式？"我的 AI 助手询问我。

我点击了"下次不再提醒"，选择了"是"。

从我所在的物理位置到博物馆所在地，镜像世界会模拟一段现实路程，因此"路上"有一点点时间供人遐想，就在这个间隙，AI 助手提醒我："今天受台风影响，你所在的城市可能会有大雨，系统检测到您在物理世界还有衣服晾在阳台，为保险起见，建议您先收拾衣服再出发。"

"混合模式"下的物理世界一旦有什么自然灾害，会立刻对镜像世界造成影响。曾经我觉得这很酷，但很快我就发现，在虚拟世界出门也要关注天气这件事，真的很麻烦。

不过虚拟世界到底还是比现实世界方便，我不用真返回现实世界的家里，在镜像世界里只需用"一键收衣"功能就好。

2140年12月4日10时42分

馆长见到我后,激动得像是见到了失踪多年的儿子。

"你总算来了,有个疯子,有个疯子,有个疯子……"

我让馆长安静下来,了解了事情的来龙去脉。

原来是有个收藏家收藏了顾恺之的《画云台山记2》,一直认为那是无价的真迹,它的NFT已经被炒到一千个以太币。

但在这次发现的顾恺之的墓里,原画已经被找到,于是那个收藏家拥有版权的 NFT 价格下跌了 90%。

收藏家很生气。他不仅在镜像世界里和馆长吵得不可开交,还直接在物理世界准备组织人打砸博物馆,理由是这次的考古工作缺乏科学依据,所有的数据都不透明,博物馆根本就没有办法证明这是顾恺之的墓,更没有能力验证这次挖掘出的《画云台山记 2》是否是真品。

虽然我的职位没有馆长高,但在专业领域的影响力不小。这次《画云台山记2》的考古,我是最后的专业三校,前面的一校和二校已经由其他同行验证过了,一旦我签名,那么《画云台山记2》是真品还是赝品就盖棺定论了。

"一旦多重签名通过,这个疯子应该就会死心了。"馆长说。

我进入了博物馆的信息数据中心库,开始对考古机器人处理完成的数字化扫描信息进行最后的考察。

与现实世界相比,虚拟世界的考古有很多好处,你不需要深入危险的境地,所有信息都会一一呈现在你眼前。经过三维建模后,你可以任意放大或缩小这些模型,如果你需要用到相应的资料来进行信息对比,也只要伸手一点即可。

考察工作紧锣密鼓地进行着,信息处理的过程并没有遇到太多麻烦,唯一有点烦人的是,我老爸连着打了几个电话给我,说他在元宇宙里的另一个身份不见了,让我帮忙找找。

我老爸总是丢三落四的，等结束今天的考古工作，再去他那边看看吧。

数据对比和信息校正早就完成了，最后的程序是通过大数据平台把墓主人的信息与顾恺之当代亲属 DNA 图谱进行相连，以确定墓主人的身份。

数据对比结果出来了，基本可以认定这幅山水画是顾恺之的真迹。我在这幅山水画的数据信息上盖了认证戳，上传到信息数据中心库。

最后，我对所有的文物——进行了登记注册处理，现实世界的文物也会同步分类放置。

2140年12月4日12时4分

完成考古工作后，我走出了信息数据中心库。

这座古墓的文物早已被精细建模，此时已经可以供大家参观了。同时，挖掘新闻和主题元宇宙试用包也已经铺天盖地地推送到元宇宙的各个角落。

就在我要走出信息数据中心库大门时,突然被一个陌生人拦了下来。我不认识来人,但他的脸上带着愤怒、悲痛、哀求……我疑惑地看着他,刚要开口询问时,他拿出了一幅画——《画云台山记2》。

我明白了,馆长口中的"疯子"说的一定就是他了。

那幅画跟我刚才在信息数据中心库处理的文物画几乎一样,临摹得太真实了,难怪能制成NFT进行拍卖,还被哄抬到很高的价格。

"麻烦你撤回对那幅文物画的认证戳。"这人的语气非常凶。

我当然知道,当那幅文物画的认证戳生效后,会立即生成与那幅文物画唯一匹配的NFT。这代表着我眼前这个人手中的NFT将变得一文不值。但我也只能表示很抱歉,我不能做这样的事情。

"如果你愿意这么做,我会给你好处的,我们可以平分这幅画的价值。"他说。

我再次表达了自己的歉意,申明一个考古人的职业操守。我知道他肯定是花了大价钱从别人手里买来的这个NFT,但我确实是无能为力。

他暴怒地向我的左脸打来。我反应慢了些,拳头重重打到我脸上,接着就看到他跑向信息数据中心库,应该是想去把那幅真迹毁掉。

但这是不可能的事情。

就在他要冲到门口时,他的影像突然停住了,应该是他在物理世界被警察控制住了。

我长舒一口气,不过"混合"模式下的触感也太真实了,我的左脸像是实实在在挨了一拳,真疼。

2140年12月4日12时40分

时间不早了,我在物理世界的身体需要补充一下能量,我回到物理世界中,来到城市B612区的一间茶餐厅,向服务员要了一颗熟鸡蛋,在我的左边脸颊处来回揉动。

我坐在靠窗边,对面的大楼就是全深圳最豪华的酒店,据说那里有历史课本里提到的和牛大餐和拉菲葡萄酒。想到这里,我咽了咽口水,看了看眼前的肠粉,心想,算了,知足常乐吧。

正当我要动筷子时,悬窗突然弹出一则广告,并以环绕声在我耳

边播放:"现在是午餐广告时间,请看今日特惠商品:脑机接口全套设备。商品零首付,月供每月只要100个镜像Token。"一个漂亮的女孩介绍道。

我对脑机接口没有兴趣,点击了悬窗上的"关闭广告"。

显示屏上立即跳出了提示:确定关闭吗?看完完整广告可赠送您一份餐厅优惠券哦!

我只好点击"确定关闭"。

眼前终于清静了。

我有些感慨,现在全世界好像都在引导你时刻待在虚拟世界中,即便身处物理世界,还是每时每刻都有可能被各种方式吸引到数字时空中。

老爸又发信息给我了,我给了他餐厅的地址,让他自己来找我。

吃完饭后,我不得不在餐厅多休息了一会儿,我有些精神恍惚,这是"镜像综合征"的一种表现。我半梦半醒间听到老爸的声音,睁开眼时,他穿着一身整整齐齐的西装已经坐在我身边。说实话,现在已经没有多少人会这样做了,毕竟给现实世界的自己买件好衣服,还不如在虚拟世界里给自己买几套好装备划算。

老爸一见到我就一顿数落。他总不满我这种工作模式,说我懒散,一点都不自律。可这年代谁还去办公室上班?现实世界博物馆的那些文物,机器人都打理得井井有条,恒温恒湿,24小时不间断修复。

线下见面就是有这么一点不好,不能屏蔽声音。我忍不了他的唠叨,说今天会去博物馆看看。

我问他另一个身份的事情,他却好像不知道怎么开口似的。

忘了说,现在大部分人在元宇宙里都有多重身份,老爸也是看到我这么玩后才让我教他的。那会儿他感慨道,元宇宙可真是精神分裂者的天堂。

他说的没错,在虚拟世界,你既可以是 A,也可以是 B,还可以是 C。多重身份只要完成冷启动,就会自行成长,只要连接这个身份,就能完成身份转换。

我要了老爸的身份卡,他很不情愿地给了我。我用 MR 工具扫描后,发现是身份卡代码出了问题,我告诉他,把身份卡送去时间戳管理局修复一下就好了。

我看了老爸另一个身份的设定,明白了刚刚他为什么忸怩了,原来他的另一个身份是个帅小伙,正在疯狂地追求一个年轻女孩,恰好快要追到手时突然身份连不上了，才这么着急。

我假装要向老妈告状，老爸却表示老妈的另一个身份也在追求一个年轻小伙，凭什么只许州官放火，不许百姓点灯？

2140年12月4日14时20分

老爸离开后，餐厅里的人少得可怜，我发现在角落里坐着一个物理人。

在这个时代，相比于半数人和数字人，物理人的数量很少，他们的活动空间只有现实世界，执着于对物理世界的探索。不过我一直认为他们是值得尊敬的，只有极自律的人，才能忍受现实世界里一望无际的孤独。

我主动走过去和他打了招呼，发现他在捣鼓一套崭新的VR设备。

"你要接入镜像世界吗？"我问。

他点头,说今天是克莱因船抵达奥尔特星云的直播日,飞船上的宇航员张思思是他的偶像,飞越柯伊伯带后她就一直处于冬眠状态,今天是她醒来的日子。

克莱因船是 2135 年发射的恒星级飞船,飞船上的每一位宇航员都是勇士,也是所有电台都在追捧的超级明星,物理人最大的爱好就是观看飞船的直播,在他们看来,以原子态身体开着飞船去探索无边宇宙,这才是人类最大的骄傲,那些躲进"镜像世界"里的数字人是永远无法理解这种自豪的。

我明白了,他之所以要接入虚拟世界,是为了能通过 VR 设备连

接到克莱因船,与他的偶像进行更近距离的接触。再骄傲的人,最后还是得进入虚拟世界,我内心总算平衡了一点点。

我帮了他一把,顺便自己也通过移动的脉冲终端连接到克莱因船。

直播很快开始了,每个人都可以体验各种飞船视角,就像自己是飞船上的宇航员一样,当你看到前面的星云、陨石向自己扑来时,不得不赞叹数字世界的优秀;看着张思思向其他人微笑着挥手致意,我想那个物理人一定会非常激动,尽管他看到的是几个小时之前的张思思。

不过很快屏幕上出现了网络拥堵的提示,这与我接入的设备可能有关系,毕竟这不是专业的 VR 套装设备,我退出了直播,回到了现实世界中。

外面街道传来了欢呼声,整个世界都在欢呼,我想应该是克莱因船成功到达了奥尔特星云。

我离开了餐厅,没有再打扰那个物理人。

我想起了今天是个台风天,虽然早上使用"一键收衣"收了阳台上的衣服,但不确定会不会有什么疏漏。

回到家中,我发现多数衣服已经由 AI 设备收好放在衣柜中,但有一双袜子掉在了阳台,已经全部淋湿了。看来现在的"混合"系统还没有达到完美的地步,这双袜子就是一种 Bug 存在的证明。

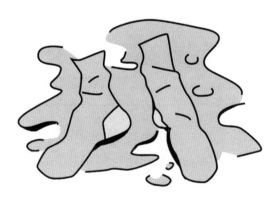

经历了与那个物理人的相遇后,我突然觉得自己应该在现实世界中多走走。这次我没有再进入虚拟空间,台风已经停了,我决定走路前往博物馆,这花费了我大概二十分钟的时间。

这是我今年第二次来到我现实中的工作场所。我径直走向文物存放区域,早上刚刚出土的文物现在就摆在我面前。

那幅《画云台山记2》摆在最显眼的位置,旁边还配有一块电子屏幕,上面滚动着画的信息,与我认证的信息一致;信息中附有"NFT"的字样,看来这幅真迹已经成功生成 NFT 虚拟资产了。

画卷实体被冰凉坚硬的玻璃罩隔开,不能触摸,只能远远看着。尽管一上午的工作已经让我对画卷非常熟悉,但此时在现实世界看到这些文物,我心里涌起和在虚拟世界中完全不同的感受。

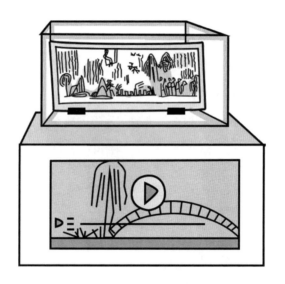

透过那些写意的线条,我似乎能看到画家运笔的姿态;浓淡相宜的墨色能够让人感受到笔的力道;还有泛黄的纸面和纸张毛糙的边缘,好像把将几千年的时间都清楚地记录了下来。

现实世界与虚拟世界虽然能做到"镜像",但有些东西的呈现,确实是技术无法达到的。

2140年12月4日21时4分

  我在博物馆逗留了很长时间,直到晚上九点多才回到家中。

  走到窗边,我抬头看了看星空,自从成为"半数人"后,我就再也没有抬头看过现实世界里的真实星空。

  虽然它没有镜像世界里的星空美,却能带来一丝久违的感动。

  我敬佩那些物理人,他们忍受着孤独和无趣,不断寻找生命存在的深层意义。

  我想到了今天看到的那些实体文物,想象着它们在物理世界中,从地下被挖掘出来的时候,该有多么美丽。

  那个物理人和他的偶像,尽管相隔几十亿公里,可他们的心是连在一起的。

  虚拟世界无比便捷,你甚至可以在元宇宙中跟随克莱因船去探索真实的太空,可总让人觉得缺了一点什么。

  有一瞬间,我甚至萌生了当一个物理人的念头,但我知道,这不可能,因为就像《黑客帝国》中的情节一样,当你选择过蓝色药丸,就很难再选择红色药丸了。

忒休斯
之人

Metaverse

忒休斯之船的问题最早由罗马帝国时代的希腊作家普鲁塔克提出。忒休斯之船是一艘被雅典人民保存了百年之久的英雄之船,这艘船之所以能完好保存,要归功于不间断地维修和替换部件。只要一块木板腐烂了,它就会被替换掉,直到所有的功能部件都换了一遍后,引人深思的问题来了:现在这艘船,还是原来的那艘忒休斯之船吗?如果不是原来的船,那么在什么时候它不再是原来的船了?

哲学家托马斯·霍布斯后来对此问题进行了延伸:如果用从忒休斯之船上取下的老部件重新建造一艘新的船,那么两艘船中哪艘才是真正的忒休斯之船?

以此类推,信息时代,我们还可以将忒休斯之船再进行延伸:现实世界是由原子组成的物质世界,而虚拟世界则是由比特组成的信息世界。如果人类在比特世界里一步步创建元宇宙,用"比特世界"的虚拟空间去慢慢替换掉"原子世界"的现实空间,直到最后,人类可以从原子"蜕变"为比特,从物质转换为意识,并且可以在两个世界自由切换,那么对"后人类"来说,虚拟世界和现实世界,哪个是"真实的世界"?

不断延伸

人类的发展史就是一个实现身体和心灵对外延伸的历史,从最初求生存而实现的身体延伸,到后来求发展而诞生的心灵延伸,再到今天，人们习惯借用信息科技之便利来追求自己的"个性"，那是身心的共同延伸。

◆ 身体延伸

身体的延伸，最早可以追溯到史前时代。

当史前人类学会打造第一把石斧、投出长矛，以及通过"制造工具"的方式来适应这个世界时，这种延伸就已经开始了。

接着，之后的百万年间，人类通过制造工具，不断延伸自己的身体。

随着"科技"的发展，人类身体的延伸也越来越广泛，从残障人士的义肢，到扩大人类能力范畴的机械臂；从矫正视力的镜片，到代替双腿出行的汽车，无一不是这种延伸的体现。

盲人在导盲棍和导盲犬的帮助下，可以在路上正常行走，导盲棍和导盲犬就是盲人身体感官的延伸。

失去腿的人在安装假肢后，也可以在百米赛跑中跑出超越正常人的成绩，假肢就是残疾人身体的延伸。

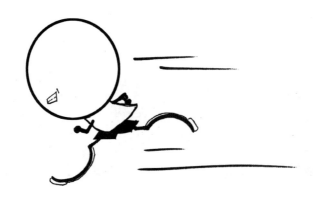

借助天文望远镜和显微镜,我们可以看到更宏观和更微观的东西。天文望远镜和显微镜也属于身体感官的延伸。

利用汽车,我们可以更快地到达更遥远的地方,它不但可以扩展人的活动半径,还能成为不少人的情感寄托,这同样属于身体延伸的一种。

从科学的角度来看,身体的延伸就是一种"力的升级"。

人类的历史已有百万年,然而在 99% 的时间里,人类能够掌握的力量只是双手和肌肉的力量。随着手持工具的发明,人类的能量输出倍增。

后来,牛顿发现万有引力和运动定律,让力学被简化成条理分明的方程组。现代机械原理催生出蒸汽机,人类掌握的能量达到之前的数十倍到数百倍。

麦克斯韦方程组及其启迪的爱迪生等发明家,使人类进入电力时代,能量级数获得飞跃,极大地改变了人们的生活方式。

爱因斯坦的质能方程为人类开启了核能利用的时代,人类掌握的能量提升到足够摧毁自己所居住的行星的程度。

身体的延伸

科技发展的过程也是人类适应和改造现实世界的过程，是人类在"原子世界"的一种自我创造。

◆ 心灵延伸

身体延伸之后，延伸的范围便更进一步，人类开始扩展自己的心灵。

如果说身体上的延伸是在适应和改造现实世界，那么心灵上的延伸，则更像是在慢慢创造我们自己的精神世界。

这种心灵上的延伸，最直接的体现就是互联网和智能手机。

在互联网出现后，我们可以把现实世界的许多东西，都镜像到互联网上，可以足不出户而知晓整个世界的消息。

智能手机的出现，更是把这种心灵的延伸无限放大。

智能手机本质上也是一种工具，但它和我们制造的其他工具不同。尽管它并不在大脑里，但它现在已经在不知不觉中变成我们大脑的一部分，执行了一系列本该是我们大脑该做的事情。

20年前，很多人还能记住至少十几个人的电话号码，但现在恐怕没有人专门去记另外一个人的电话号码了。

过去，我们用大脑来安排日程，但现在"计划"功能也被手机软件取代。

以前，人们还会通过建筑和地标来识路，但现在几乎完全依赖导航系统。

除此之外，智能手机还会提供大数据分析与推送服务，这些分析与推送，或多或少会影响我们的决策，甚至会代替我们做出决策。

当手机成为我们大脑的一部分,它便成了一种非常明显的心灵延伸。

如果让一个现代人一天不玩手机,他一定会不知所措;如果把一个现代人的手机中的各个应用的数据全部删除,把个人身份信息和银行信息都销毁,这简直会摧毁一个人的正常生活。

从身体延伸走向心灵延伸,也代表我们正慢慢从"原子"滑向"比特"。借助互联网和区块链,我们会慢慢创造出一个新世界。

人类身体的延伸无处不在

◆ 身心延伸

然而,不管是身体延伸还是心灵延伸,现实已经证明,它们都是有边际的。互联网带来的心灵延伸在一开始的确能给我们带来极大的新鲜感和快感,但现在已经渐渐乏力,不再能满足我们的需求。互联网所带来的心灵延伸逐渐递减,所以人们渴求一种更极致的延伸产物,来突破这种延伸边界。

身体上的延伸和心灵上的延伸与现实世界紧密相关,人类想要突破这种延伸的界限,就只能创造一个全新的世界。

所以,在人类物质文明和精神文明都高度发展的基础上,在人类身体延伸和心灵延伸的双重需求下,元宇宙自然会出现了。

如果说人类对工具的创造是身体的延伸,对虚拟内容的创造是心灵的延伸,那么元宇宙就是身体延伸和心灵延伸的极致。我们不再是以其他延伸身体或心灵的东西为工具,人类一旦进入元宇宙的世界,就已经从身体延伸和心灵延伸阶段,迈向了一个全新的自我创造的阶段。

元宇宙之上,也是元宇宙吗

我们谈到了元宇宙是人类创造出的新世界,当我们从现实世界凝视元宇宙时,就免不了会思考:当下人类所生活的世界,有没有可能是另一个世界创造的"元宇宙"呢?

美国哲学家希拉里·普特南曾在他的《理性，真理与历史》一书中提出过"缸中之脑"的假想，即如果将切下来的大脑放在盛有维持脑存活营养液的缸中，将大脑的神经末梢与计算机相连接，计算机按照程序向大脑传送信号，则可让大脑保持完全正常的知觉。

人所体验到的一切，其实都是大脑中转化出的神经信号。如果使用计算机通过神经末梢向大脑传送一模一样的信号，并对大脑发出的信号作出一模一样的反馈，那么大脑其实无法区分这是真实的身体，还是人为构造的身体。

1977年，美国科幻小说作家菲利普·蒂克曾在法国的一次科幻会议上宣称我们生活在一个计算机模拟出的现实中。

一开始，大家都以为他在开玩笑，因为计算机模拟正是他的科幻作品的一个重要的主题，但他自己真的相信我们是生活在一个模拟世界中。

菲利普·蒂克是最早的以模拟为主题的科幻作家,他的科幻作品《仿生人会梦见电子羊吗》后来被改编为电影《银翼杀手》。为何他笔下的模拟场景能够如此惟妙惟肖?因为那些不是源于他的想象,而是他的真实认知。

在电影《黑客帝国》中,尼奥看到一只黑猫从一个门口走过去,当他回头的时候,又看到一只一模一样的黑猫走过去,他觉得似曾相识。同行的崔妮蒂立即知道,一定是"某些变量被改变了"。出现这种现象的原因是特工史密斯在重写虚拟世界时植入了一些信息,这些信息干扰了尼奥的感知,所以才会出现两只相同的黑猫,一只走过去后,另一只相同的黑猫又走过去。这个电影创意也是来自菲利普·蒂克。

2014年,天体物理学家、诺贝尔奖获得者,客串过《生活大爆炸》的乔治·斯穆特在 TED 演讲中提到"人是一个模拟,而物理学会证明它"。

斯穆特以高分辨率大脑扫描为例说明 2045 年人脑可以上传到电脑网络。

埃隆·马斯克在 2016 年的一段访谈中也怀疑我们所在的世界是一个模拟世界,他表示现实世界基本上就是游戏《模拟人生》的高端版本,这使得模拟理论成为一个流行词。

如今,元宇宙掀起了业界新概念热潮,这也使一部分人相信,我们很可能生活在一个模拟世界之中,它与现实无法区分。甚至,可能这个世界并不存在,只是模拟世界中的人并不会怀疑他们的世界是否真实。

如果一定要将元宇宙和"现实模拟"分离开来,那么,元宇宙可能是一个模拟中的模拟。

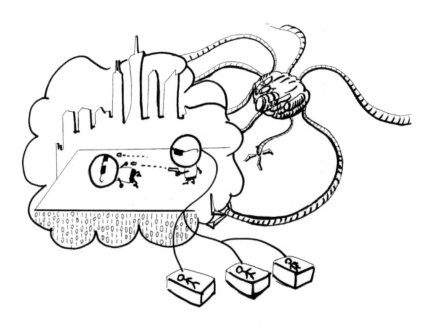

2003年,哲学家尼克·博斯特罗姆发表了一篇关于模拟假说的论文,该论文包含3个主要的命题:

- 人类社会可能在到达"后人类"阶段之前灭绝。
- 任何后人类文明均不可能对其进化史(或变异)进行模拟。
- 我们肯定是生活在一个计算机模拟世界中。

尼克宣称,这三个命题必有一个是正确的。

他将意识或智能的基质无关作为论文的给定基础,即使这个基础并非完全没有争议。

图灵曾在他的论文中称,图灵机可以拟真任何其他图灵机,即计算是基质无关的。

现实的帷幕后是什么?

人工智能的神经网络技术最初也是拟真,即用于拟真神经网络的计算机软件。拟真是为了替代其原始版本,而提供真实应用。相比之下,模拟只是一种为了分析而建立的模型。

例如,电网的控制中心可以通过外观一模一样的虚拟的电子仿真仪表盘来代替真实的机械仪表盘,远程操作电网开关的闭合,这就是一种拟真。

虚拟PC(个人计算机),即在服务器上模拟个人计算机,是拟真PC。如果一个飞行模拟器可以将一个人从A地点运送到B地点,那么它就是一个飞行拟真器。一个拟真器通常接近真实器械,而模拟器则未必。例如,地理模拟通常将1000年作为1秒,或者更快。

元宇宙就是一个现实拟真器。

人的能力是有限的,如记忆和空间想象力。但人通过抽象,去除次要因素而合并共同的东西,可以将客观规律总结成几条简单的概念和公式。

抽象是隐藏层的能力,深度抽象需要进行几种连续变换,每个变换都与大脑区域或大量神经元关联。

但面对更为复杂的问题时,人会越来越难做出数量有限的选择,为此,人类发明了计算工具,但仍然会遇到数据不够或者过度拟合的问题,在这种情况下,人们依靠减少维数从中选择重要的特征构建模型,以提高模型的通用能力。

而神经网络包含了更多的隐藏层,它不是靠减少维数提高泛化能力,而是保留更多参数,通过增加更多隐藏层来保留特征和提高泛化能力。

现代科技使人类社会的复杂度不停扩张,一架飞机通常有数百万乃至上千万个零部件,由数十万人研发而成。无论人的学习速度再增加多少倍,寿命增加多少倍,在这种无涯的复杂度面前,能力也仍然是有限的。

因此,未来的科技发展方向,是更充分利用模型的模拟能力和计算的优势,而不是依靠生物个体的能力。

元宇宙就是满足这种多元需求的一种新的科学进程。它通过模拟来拟真整个世界。

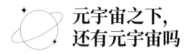

元宇宙之下，还有元宇宙吗

有一种观念认为，推动元宇宙诞生的，是人类对现状的不满。因为有不满，所以才会产生改变的念头和冲动。

如果接受这种说法，就不能忽视另外一点：人类的不满足是没有止境的，如果在元宇宙中，仍然会有对虚拟世界现状不满意的数字人，那么那个世界的人是否也会抛开那时的元宇宙，去建立 2 号元宇宙？如此往复，不断循环？

我们不能否认这一可能性的存在，且这也涉及另一个问题，即在一个模拟的世界里，是否还可以再造一个模拟的世界？

答案当然是肯定的，并且现实世界里已经有人这么做过。

一位名叫 FOONE 的玩家曾在《我的世界》里打造出了一台能够运行《我的世界》的虚拟计算机！另一个名叫 Dylna 的玩家则更加夸张，他在 FOONE 的基础上，又多创建了三层世界，也就是说他能够在《我的世界》中的《我的世界》中的《我的世界》中的《我的世界》玩《我的世界》。

既然在我们所处的模拟世界中可以创造出另一个模拟的世界，那么在元宇宙这样一个模拟的世界里，便同样有可能继续创造出新的元宇宙，即模拟世界中的模拟世界中的模拟世界。

从这个逻辑来看,元宇宙的叠加,可能也会和它的出现一样,是无穷无尽的。只要人类的创世冲动没有消失,那么这样无限的模拟世界就会一直被创造出来。

从这个问题出发,把关注点拉回现实世界,我们又发现了另一个更严峻的问题:我们所在的现实世界,会不会也是一个被创造出来的虚拟世界?

选择比特还是原子

元宇宙之上还有元宇宙,元宇宙之下还有元宇宙,我们的世界是否也是被创造出来的"虚拟世界"?这些都属于哲学问题,可以慢慢思考。

但在当下,或者不久的将来,人类可能面临一个抉择:选择虚拟世界还是现实世界?或者说是选择比特还是原子?

元宇宙展现了一种全新的生活方式。

你可以完全沉浸其中,就像前面内容中提到的数字人,你可以像生活在真实的世界中一样吃饭、睡觉、结婚、生子,但也一定会有拒绝这种生活方式的人,他们拒绝元宇宙,坚持生活在现实世界,他们就是"物理人"。

选择"比特",还是"原子",很有可能是未来最大的意识形态争论,甚至彻底分为两个势力,正如电影《黑客帝国》中,你无论是选择"蓝色药丸"还是"红色药丸",最后都将为之而战斗。

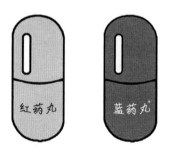

你的选择?

当然,今天看来,元宇宙并不是一个"选择原子"还是"选择比特"的难题,我们只有先实现原子与比特共生,才有机会打开元宇宙的大门。说不定当那一天真正到来之时,我们会欣喜地发现,这个问题根本没有想象的那么极端。

我们在前面讲到,元宇宙并不是完全的虚拟世界,而是一个虚拟世界和现实世界结合的愿景。元宇宙和原宇宙最终会彼此融合，它们的边界会慢慢消失，最终会变成像硬币的两面一样的存在，相互依存。

更简单来说，原子＋比特＝元宇宙。我们可以随时在现实世界和虚拟世界中来回穿梭。

但未来难以预测，两个世界的共存是否真的那么美好，值得我们从现在开始思考。

接下来，让我们来看一个"忒休斯之人"的故事。

谁才能活下来

一个物理人从"冬眠"中苏醒过来，科学的发展让他所患的绝症得以治愈。物理人获得了新生，但同时也出现了麻烦，一个数字人带着武器找到了他，数字人表示，自己是这个物理人的数字分身，自己在元宇宙中拥有唯一的 ID，这个世界上只能有一个"自己"。

这是一条基本定律，虽然人格可以有多个化身，但元宇宙中只能存在一个元宇宙 ID，否则系统会紊乱，于是，数字人想杀死这个物理人，因为他的复活就是系统的 Bug。但幸运的是，物理人躲过了这次攻击。

物理人开始探寻事情的真相，原来这个数字人是自己的意识的复制，并且在元宇宙中自我成长。物理人身患绝症时他的亲人除了让他冷冻冬眠外，还通过扫描他所有的大脑信息，使其大脑信息数字化，并复制到元宇宙中,让他用数字人的方式继续"活着"。

数字人在元宇宙中成长,成为一个全新的自己,所以,当得知物理人复活后,数字人无法忍受这个世界上还存在着另一个自己,因为物理人拥有元宇宙 ID 的一切权限,系统可能会清除掉数字人。

物理人对元宇宙是陌生的,处于非常不利的局面,他只能将这个案件报告给警察,再由法官来判定两人谁应该存在于这个世界。

法官接到这个案件,意识到这是一个很大的难题,他陷入了一个"忒修斯之船"的混乱之中。这个案件究竟该如何判决?谁才是元宇宙的合法元 ID 呢?

当我们的基因被编辑和修复,身体的部件被替换更新,整个身体都被克隆,记忆和意识被转移装载,那最终的新载体是否还是自己?如果思想转移后,两个"自己"同时存在,那么哪个才是真正的自己?如果记忆被全部移植,进入了新的载体,同时意识也在继续成长,那这个被创造的自己的副本,也还是自己吗?

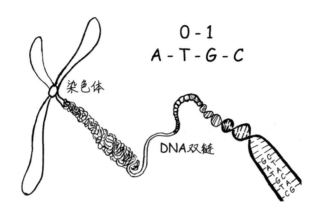

我们仅仅比人工智能多了两个代码而已

在走向元宇宙的过程中,这个"忒休斯之人"的问题很可能会成为现实,我们该如何证明哪一个我是真正的我?在真实与数字之间相互切换时,"忒休斯之人"又是从哪一刻开始出现的呢?当真实世界的物理人与虚拟世界的数字人相互碰撞时,我们又该如何去定义他们之间的不同?

"忒休斯之人"和"忒休斯之船"一样,都属于一种哲学思考,但它比"忒休斯之船"要更加复杂,因为"忒休斯之船"本身是工具,它没有生命,而"忒休斯之人"是有生命的,这就涉及更复杂的社会学和伦理学问题。

如果你是法官,你会如何判定?

12

元宇宙
的尽头

Metaverse

元宇宙的尽头是什么?

元宇宙是一种元叙事。然而,大部分的元叙事,最终都没有结局。

元宇宙的尽头是未知的,它有多种可能,只有到终点时才能知晓最终答案。

我们对元宇宙的尽头的可能性进行了一些猜测,对于我们的猜测,你可以选择相信,也可以选择不相信。但正如我们在本书开头所说,每个人心中都有自己的元宇宙,那么每个人心中,也自然有自己的元宇宙尽头。

 物理+意识共同实现无限时空

第一种可能,即物理与意识相结合,元宇宙尽头,是人类走向现实与虚拟双重世界的无限时空,这也许是最好的结果。

刘慈欣曾说,人类面前有两条路,一条向外,通向星辰大海;一条向内,通向虚拟现实。

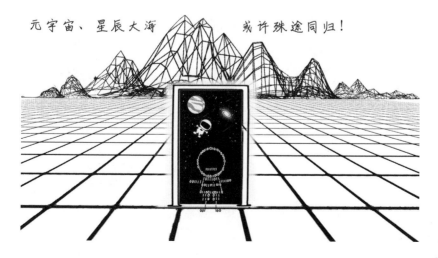

人类向深空的探索,是一种向外的扩张;不断向元宇宙进发,则是一种向内的自我蜷缩。这是两条完全不同的道路,分别代表物理和意识的终极目的。

不过,这两条路不一定是非此即彼的。人类在不断向内蜷缩的同时,也可以继续向深空探索。

如果我们以现在的人类为代表,那这两条路上的人分别是"走向太空的马斯克"和"走向元宇宙的扎克伯格"。

在这一进程中,人类并没有因为虚拟世界(元宇宙)的发展而彻底放弃现实世界,而是分化成了"数字人"和"星际人"两个物种。这两个物种并非相互割裂,而是相互依存。

元宇宙中的人类,会成为意识领域的霸主。在这个宇宙中,也许会有更多与"数字人"类似的意识生命存在。人类依托于元宇宙而存在,可以建立意识边界,最终统治宇宙中存在的所有意识生命,并将这些意识生命纳入元宇宙。

星际人则会不断地向外扩张,在现实宇宙中进行星际殖民,在各个星球建立人类的根据地,逐渐发展自己的银河帝国,使其他的外来文明和生命成为星际人类的一部分。

通过物理和意识的双重扩张,人类最终成为原宇宙和元宇宙的高维生命。

而尽头,可能就是跳出我们现有的宇宙,改变熵增命运,成为一个全新的生命物种,构建一个伟大的宇宙文明。

在这一可能性中,人类在现实宇宙和元宇宙中都实现了"无限时空"的终极梦想。

◆ 自我消解

第二种可能性,即元宇宙尽头意味着终结。向元宇宙进发的过程,其实也是人类自我消解的过程。

元宇宙构建的过程,本质上是一个从原子走向比特的过程,人们对元宇宙的最终畅想,是意识上传得以实现,人类全部实现永生。当所有人都接入元宇宙,现实世界的存在意义只是为元宇宙提供资料基础。

正如我们在前面提到的"忒休斯之人"的哲学问题,如果人类真正步入元宇宙,所有人的意识都上传到虚拟世界中,那么人类还是人类吗?

从这一角度看,人类走向元宇宙尽头的过程,最终是改变人类进化史的一种自我消解过程。

在元宇宙中,每个人都将永生,都可以得到无限的资源。但因为现实世界的"消失",永生带来的无限生命会因为时间的拉长却没能匹配相应的内在意义,继而转变为无穷的孤独,以及生存的无意义。

元宇宙看似构建了一个没有时空限制的数字世界,但也在无形中让每一个人成为元宇宙中的一座孤岛。因为找不到心灵最终的归属,人类可能在自我消解中渐渐走向自我怀疑,最终在自我消解完成时,走向自我毁灭。

在这一可能性中,元宇宙的尽头,是人类从自我消解走向孤独后的自我灭亡。永生带来生命永恒的同时,也将会带来生命的终结。

到那时,元宇宙的尽头,已看不到人类的存在。
在这一种可能性中,元宇宙的尽头,不是美好天堂,而是无尽地狱。

◆ 海市蜃楼

如果我们所在的这个世界,是一个模拟的世界,那么元宇宙的尽头,就是这次模拟实验的结束。人类不过是活在一个楚门的世界里,元宇宙也不过是海市蜃楼。

在这一种可能性中,人类只是一种被利用的工具。

元宇宙的尽头,是从梦中醒来,结束一切。

在《楚门的世界》这部电影中,男主角楚门一直生活在一座叫桃源岛的小城,实际上这座小城是一个巨大的摄影棚。楚门看上去过着与常人无异的生活,但他不知道,每一秒钟都有上千部摄像机在对着他,全世界都在注视着他,更不知道身边包括妻子和朋友在内的所有人都是《楚门的世界》的演员。他所身处的世界是现实世界,但实际上这个现实世界只是一个被人为模拟出来的虚假世界。

《黑客帝国》探讨的主题比《楚门的世界》更为激烈。人类生存在一个看似真实的现实世界中,但其实这个世界是由一个名为"矩阵"的人工智能系统控制的虚拟世界。真正的人类被浸泡在营养液中,连接上类似脑机接口的设备后,一边在模拟世界中生存,另一边为真正的现实世界提供能源。

《盗梦空间》中有一个又一个重叠的梦境,实际上这些梦境也是模拟出来的虚拟世界。梦境中的人都是梦主人的潜意识产物,没有独立意识,梦里的世界也是一个虚假的世界。

量子力学中有许多人类无法用常识去理解的现象,它们是反因果律和反直觉的,科学家一直在探寻其中的真相,但直到现在依旧毫无头绪。

如果我们所处的世界是一个模拟世界,那么那些反直觉和反因果律的现象,就可以用计算机语言来解释,这是不是进一步印证,我们所在的这个世界,是一个由代码构成的虚拟世界?

如果我们认可模拟假说,如果我们认可我们所处的世界可能是一个被模拟出来的世界,那么元宇宙的进化,就是模拟中的一次实验。

人类活在一个"矩阵"之中,我们从原子走向比特,从比特走向元宇宙的尽头,这个过程可能是一次预谋已久的表演,也可能是一次精心设计的实验。元宇宙的尽头,可能是演出的最后一幕,也可能是实验的结束。我们身处模拟之中,人类不过是一种用来进行实验或表演的工具。

元宇宙与人类前面经历的进化一样,只是实验中的一环而已。

那么,元宇宙的尽头,就是人类从梦中醒来,最终会从生活的虚拟的数字世界中消失。

◆ 元宇宙新文明

第四种可能性,即元宇宙的尽头是光明的数字文明。

元宇宙的尽头将是一次进化的终点,进化、引导、觉醒、新文明,这些是第四种可能的关键词。

从史前时代到原始时代,从原始时代到奴隶时代,从奴隶时代到封建时代,从封建时代到工业时代,从工业时代到智能时代,从智能时代到元宇宙,人类的文明史,就像一条不断向前的进化链条,人类被"基因""文化""科技"三辆马车推动,通过"基因驯化""文化感染""科技控制"的方式,完成一次次的文明升级。

我们至今都无法完全破解基因的秘密,但唯一能够知道的一点是,基因可以驯化人。

例如,为何有的人爱吃米饭,有的人爱吃面包?是因为有的古人类被水稻驯化,有的古人类被小麦驯化。人类以为自己驯化了植物,却没想过可能是植物驯化了人类。

人类的基因和很多动物的基因有着很高的相似度,但只有人类在漫长的进化史中完成了物种的进化。如果我们更激进一些,可以认为人类的基本进化可能是跟着一道已经写好的基因程序进行的。

基因驯化,可能是人类慢慢变成"人"的一大原因所在。

基因驯化下的进化引导只是一种形体上的进化推动。文化感染则是一种心灵的进化推动。

文化就像无形的病毒,不断侵入我们的大脑,让我们自然地接受某一种理念。

在文化感染中,有一个词可以很清晰地表现这一特点:模因。

模因,指在模因理论中文化传递的基本单位,在诸如语言、观念、信仰、行为方式等在文明传播过程中的地位,与基因在生物繁衍进化的过程中的地位类似。

在某种程度上,可以说人不过是大脑被感染的猿。

文化的模因如基因一般,让人类文明快速爆发,通过文化感染的方式,使人类从史前时代不断走向智能时代,它是一股无形的力量,推动着人类心灵上的成长和进化。它像病毒一样感染人,在漫长的历史中,将我们改造成现在的模样,但我们对这一切从未察觉。

元宇宙在某种程度上也是一种文化感染,它迫使我们相信,在元宇宙中会有更美好的未来。

相较基因驯化和文化感染,科技控制是完成文明进化、进行文明跃迁最重要的一步。

科技控制这一行为其实从人类制造工具的那一刻起,便深深烙在人类心里。在最开始时,我们利用工具去和自然对抗,但随着工具的进化,人类也一同进化。当科技出现时,人类对科技的依赖远远大于之前对工具的依赖。

科技控制使我们相信人类会朝着更美好、更便捷的生活前进,利用科技解放自己,科技控制下,走向元宇宙是一个必然结果,因为它代表的是更好、更便捷的生活。

如果我们把"基因驯化""文化感染""科技控制"连成一个整体，便可以发现，人类的进化史其实是可复制的，我们经历过的进化过程，其他形态的"人类"也可能经历过。

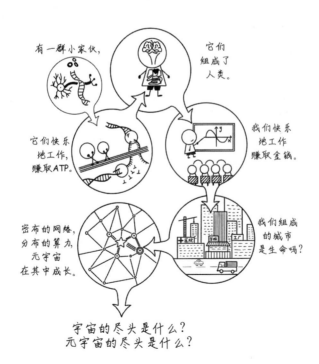

即便我们到了元宇宙的尽头,我们或许也并不是第一代元宇宙人。很可能在很久以前,人类早已出现,并且经历了与现在人类相同模式的文明进化。他们曾走过一遍文明进化之路,并且走到了元宇宙的尽头,成为"全数人",生活在"数字世界"中。

数字世界带来了辉煌的后人类文明,但同样使得整个文明异常脆弱。在某个历史时期,因为外来文明的入侵或者机器文明的反抗,导致数字世界崩塌。全数人为了重建人类文明,只能选择在地球播种生命,培育新一代的人类,并将其引导至元宇宙时代,完成文明重启。而我们作为第二代元宇宙人类,会在第一代元宇宙人的无形引导中,走向元宇宙的尽头,实现全数人文明的重生。

所以,元宇宙的尽头,可能是一次人类的觉醒,亦是文明的自我救赎。

◆ 在元宇宙谈什么

当我们在谈元宇宙时,我们谈什么?谈虚拟世界,谈未来文明,谈意识永生,还是谈人类叙事?也许这些都是答案,也可能都不是答案。

元宇宙,对于人类而言,究竟是一次文明的华丽转身,还是从梦中醒来走向理想的对立面,使人类堕入无边地狱?

在通往元宇宙尽头的道路上,人类走的是一条自我觉醒之路,还是一条早已被人为设定好的路径?

这些问题,现在都没有答案。

就像在全球化提出时,没有人能预想到它的发展如此曲折,现在元宇宙就像一个新生儿,我们还不能确定它最终会成长为什么模样。

每个人都有自己心目中元宇宙的模样,每个人也都有自己心目中的元宇宙的结局。

它可能是人类的终极未来,每个人都有机会去影响这个全新的元叙事,每个人都有机会影响元宇宙的结局,因为在元宇宙里,每个人都是创世的一份子。

参考文献

［1］尼尔·斯蒂芬森.雪崩［M］.郭泽，译.四川：四川科学技术出版社，2009.

［2］Ray Kurzweil.奇点临近［M］.李庆诚，董振华，田源，译.北京：机械工业出版社，2011.

［3］凯文·凯利.科技想要什么［M］.熊祥，译.北京：中信出版社，2011.

［4］贝尔纳·斯蒂格勒.技术与时间：爱比米修斯的过失［M］.裴程，译.北京：译林出版社，2000.

［5］尤瓦尔·赫拉利.人类简史：从动物到上帝［M］.林俊宏，译.北京：中信出版社，2017.

［6］迈克斯·泰格马克.生命3.0［M］.汪婕舒，译.杭州：浙江教育出版社，2018.

［7］杰弗里·韦斯特.规模：复杂世界的简单法则［M］.张培，译.北京：中信出版社，2018.

元宇宙

设计元宇宙

如何成为元宇宙架构师

子弥实验室
2140
著

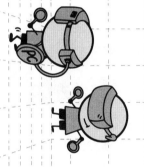
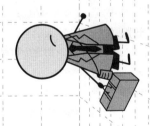

北京大学出版社
PEKING UNIVERSITY PRESS

图书在版编目（CIP）数据

元宇宙.设计元宇宙 / 子弥实验室，2140著. — 北京：北京大学出版社，2022.1
ISBN 978-7-301-32780-7

Ⅰ.①元… Ⅱ.①子… ②2… Ⅲ.①信息经济 Ⅳ.①F49

中国版本图书馆CIP数据核字(2021)第275384号

书　　名	元宇宙　设计元宇宙 YUANYUZHOU SHEJI YUANYUZHOU
著作责任者	子弥实验室　2140
责任编辑	张云静　刘云　杨爽
标准书号	ISBN 978-7-301-32780-7
出版发行	北京大学出版社
地　　址	北京市海淀区成府路205号　100871
网　　址	http://www.pup.cn　新浪微博：@北京大学出版社
电子信箱	pup7@pup.cn
电　　话	邮购部 010-62752015　发行部 010-62750672　编辑部 010-62570390
印刷者	涿州市星河印刷有限公司
经销者	新华书店
	880毫米×1230毫米　32开本　12.75印张　290千字 2022年1月第1版　2022年1月第1次印刷
印　　数	1—20000册
定　　价	99.00元（全两册）

未经许可，不得以任何方式复制或抄袭本书之部分或全部内容。
版权所有，侵权必究
举报电话：010-62752024　电子信箱：fd@pup.pku.edu.cn
图书如有印装质量问题，请与出版部联系，电话：010-62756370

Metaverse
元宇宙

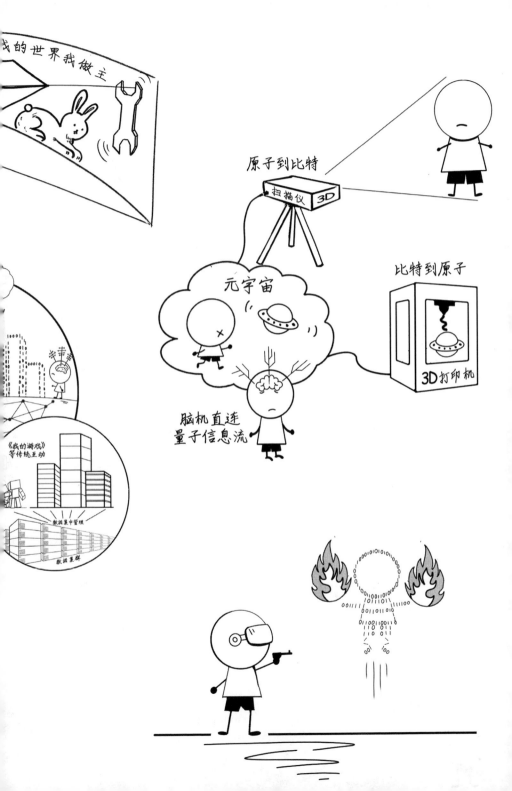

目 录
CONTENTS

1 人类"创世纪"
009

2 "创世纪"前传
017

启蒙阶段：计算机文本的交互　021
进化阶段：2D图形界面与多人社交　023
同维阶段：三维世界的建立　025
突破阶段：虚拟经济系统的出现　027
破立阶段：去中心化思想的出现　030

3 那些梦中的"绿洲"
033

以太坊　038
我的世界　040
Roblox　043
头号玩家　044
指环王　046
Decentraland　048
第二人生　050
Omniverse　052

4 设计元宇宙 055

元宇宙的路线之争 058
Meta的发展问题 064
公链和跨链 066
最佳路径：互联网+区块链 069
法律风险 072
小公司有机会吗 074
元宇宙的文化特质 077
元宇宙的设计要素 081

5 2140，一个元宇宙"样本" 093

价值观 096
世界设定 098
超现实治理 107
数字身份 112
经济体系 115
开源创造 121
社交体系 127
游戏玩法 131
硬件的接口 137

创世之后：
我，元宇宙，2140
<u>141</u>

种族之选　143

紧急征兵　147

长老院　150

幻次元　154

创世钥匙　158

创世秘密·元宇宙　164

抉择　170

人类
"创世纪"

Metaverse

传说,犹太人的祖先亚伯拉罕反对过去部落中传统的多神信仰,坚信日月星辰之上另有更伟大的唯一造物主。当时的贵族担心他的唯一神信仰会动摇统治根基,因此将他放逐至迦南。

虽然亚伯拉罕的后代在异族领土受尽苦难,但先人留下的唯一神信仰传说却得以更系统地孕育、完善和流传。

起初,世间万物一片混沌,只有一位被称为"上帝"的全知全能的神,上帝说要有光,于是天地间有了第一束光。

未来的几日,上帝又创造了空气、海洋、草木、动物等,世间万物因此诞生。

第六日,上帝造出一切活物后,按照自己的形象创造出第一个男人亚当。上帝将他留在伊甸园,又想他一个人孤单,于是抽出他的一根肋骨,创造出第一个女人,便是夏娃。

上帝嘱咐二人不可吃园中央那棵树上的果实,但夏娃受到蛇的引诱,将禁果拿给亚当,两人都吃了,因此获得了智慧,但偷吃禁果的行为冒犯了上帝。

当上帝发出诘问,亚当将责任推给夏娃,夏娃又辩称自己是受了毒蛇的引诱,于是上帝认为他们的罪孽更加深重。

上帝将二人赶出伊甸园,叫男子永受饥饿和劳作之苦,女子永受分娩之苦。

带着罪孽的两个人来到人间,繁衍生息,于是罪孽也在人间繁衍生息,他们的后代在此争权夺利,欲望横流。上帝见此恶状,决心降下灭世洪水,唯许诺亚一家建造方舟,带着诸多生灵,在灭世之后的大地上继续生存。

但幸存的人类后代再次变得傲慢，他们企图建起通天的巴别塔登上天国，面见上帝。

上帝闻之愠怒，让人类的语言不再相通，从此，人类不再相互理解，也难再团结一心，于是巴别塔的兴建彻底失败。

……

这些故事历时几百年，直到摩西带领犹太族人走出埃及，回到自己的家园，才得以被系统地记录下来，至此，犹太教及基督教信徒眼中的世界框架基本形成。

在信徒眼中，人类因冒犯上帝而失去了统一的语言，失去了同心协力的能力，是从伊甸园中带着原罪被驱逐出来的，所以，人生在世就是为了受苦受难，从而救赎灵魂。

从西方神话的视角看，这是上帝的"创世纪"，但从历史唯物主义的视角看，这一切都是人类自己的"创世纪"。

在远古的、艰难的、蒙昧的时代,人与自然的矛盾尖锐而残酷,因此人们将希望寄予抽象的神秘力量,创造出一个自己幻想中的"全知全能"的神,经过漫长时间的苦难洗礼,这个关于"神"的故事被不断补充完善,最终,一种能够自圆其说的信仰诞生了。

不仅是上帝的"创世纪",而且在人类文明的蒙昧时期,各式各样关于世界和人类起源的传说可谓遍地开花:古代中国文明有女娲造人,古印度文明有梵天宇宙,古希腊文明有奥林匹斯神系……

与西方文化中"全知全能"的上帝几乎是信手拈来的"创世纪"不同,中国上古神话中的多神创世似乎更"接地气"。

中国上古神话认为,天地鸿蒙之初,盘古开天辟地,后垂死化身:气成风云,声为雷霆,左眼为日,右眼为月,四肢五体为四极五岳,血液为江河,肌肉为田土,发髭为星辰,皮肤为草木,齿骨为金石,精髓为珠玉,汗水为雨泽,身之诸虫,因风所感,化为黎甿。由此,天地初成,万物始于盘古。

后女娲行至河边,看到自己的倒影,心感孤独,便以黄土造人。

再之后,天柱倾倒,大地裂毁,大火蔓延不熄,洪水泛滥不止。在这种情况下,女娲冶炼五色石来修补苍天,砍断海中巨鳌的脚来做撑起天空的天柱,用堆积起来的芦灰堵塞洪水,用自己的辛劳重整世界,为人类的生存创造必要条件。

灾祸虽除,但上古时期的人类依靠打猎为生,茹毛饮血,直到燧人氏获得了会生火的宝石,学会击石取火,将取火的方式传授给人们。火能熟食,亦能驱兽,先人们的生命和健康得到了很大的保障。但蒙昧时期,人类的生活依旧艰苦,人们仍然食不果腹、饥寒交迫。他们苦思宇宙的奥秘,仰观日月星辰的变化,经年累月,终于洞悉阴阳奥秘。他们画下八卦图,打开人们理性的大门。

……

尽管出于诸多历史原因,华夏民族的创世传说大量散失,很难寻觅出一个完整的、系统的版本,但我们依然能够就其内容大致推测出祖先对安稳环境的渴求及更高的精神追求。

对于这种现象,可以用"逃避主义"来进行解释。

逃避是人类与生俱来的本能,人类曾经的"创世纪"也是"逃避主义"的一种体现:在刀耕火种时期,人类为了逃避世界的不确定性,逃避对自然的恐惧,便自己创造出确定性的东西,以弥补不确定性带来的恐惧和不安,来获取相应的心理安慰,实现精神上的满足。在这种情况下,人类创造出了"上帝""女娲""盘古"这样的创世神灵传说。

"逃避"并非一个贬义词,相反,它在整个人类文明发展历程中起到了积极的推动作用。在逃避的过程中,人类需要借助各种文化手段,包括语言、工具及故事,来补偿心理和精神的缺失。

换句话说,逃避的过程,也是创造文化的过程。

所以，在"逃避主义"的驱动下，人类的目标活动不断变化。逃避世界的神秘，于是创造了神；逃避现实的苦恼，于是创造了美丽的虚拟世界。

诗词、戏剧、小说、电影、游戏、VR，它们的本质是相同的，都是人类"逃避"现实的体现，人类渴望在一个全新的世界中来弥补自己在现实世界的缺失——人类本身就具有在虚拟世界中努力补偿现实世界所缺失的东西的本能。

不过，文明的发展也让人类社会向更复杂的方向演化，史前时代人类对整个物种的来源与归宿的懵懂反思被拆解成在不同领域的学习和探索，人类的创作分流出不计其数的样式和流派，随着人类在各领域的探索越发深入，内容也逐渐变得更加细碎化。

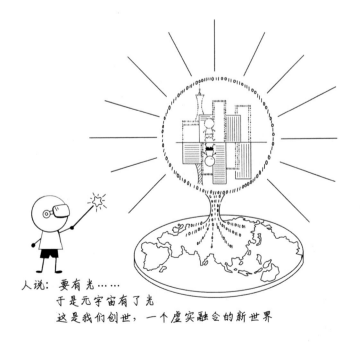

人说：要有光……
于是元宇宙有了光
这是我们创世，一个虚实融合的新世界

而元宇宙的出现，将宣告"神话回归"，人类纷繁复杂的文明可以被统一呈现，人类将重拾"创世纪"。我们可以把元宇宙看成"逃避主义"的另一次延伸，也是文化的更高层级的创造。人类创造虚拟世界，是为了逃避现实世界，去虚拟现实中追求现实世界无法获得的东西。且这一次，人类不再是"创世纪"的产物，而是"创世纪"的主导者。在元宇宙中，人类就是万物的主人。

"创世纪"
前传

Metaverse

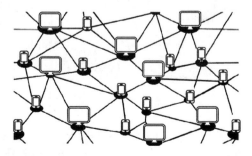

如果把元宇宙看成人类新时代的"创世纪",那么在这次"创世纪"之前,其实已有"前传"的存在。

在"元宇宙"这一概念爆火前,人们对于这一美好新世界的想象一直停留在另一个概念上:虚拟世界。两者有许多相同点,但不同的是,元宇宙是更加成熟的"虚拟世界",它将"虚拟世界"和"现实世界"结合起来,让人类的创世梦想逐渐变成现实。

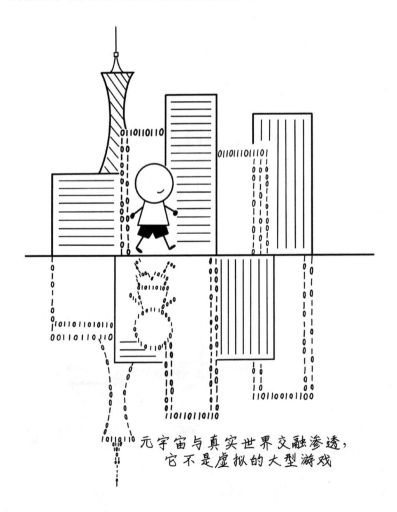

元宇宙与真实世界交融渗透,它不是虚拟的大型游戏

虚拟世界的发展历程,就是元宇宙的"前传"。

在了解元宇宙前传之前,我们先明确一下虚拟世界的定义:虚拟世界是一种持续在线的计算机生成环境,在这种环境中,处于不同物理位置的用户可以以工作或娱乐为目的进行实时交互。

在这一章中,我们把创世纪前传分为以下五个阶段。

· 启蒙阶段:计算机文本的交互。

· 进化阶段:2D图形界面与多人社交。

- 同维阶段：三维世界的建立。

- 突破阶段：虚拟经济系统的出现。

- 破立阶段：去中心化思想的出现。

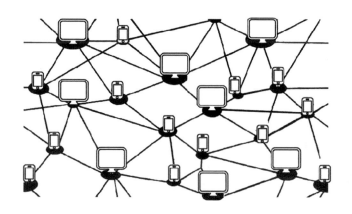

接下来我们通过对这五个阶段的剖析，来具体讲述元宇宙的"前世"。

启蒙阶段：计算机文本的交互

虚拟世界的启蒙阶段始于 20 世纪 70 年代末。随着计算机技术的发展，电脑不再是实验室的专属，普通人也可以拥有自己的电脑；而网络技术的诞生，让不同地域的玩家能够在同一个世界里一起游玩。基于这两点，面对面互动向虚拟互动的转变有了实现的可能。

在这一阶段，主要有两种类型的互动方式：MUD、MUSH。

MUD：多用户网络游戏

1978 年第一个 MUD 诞生，玩家可以直接使用终端模拟程序进行联机游戏,通过输入类似自然语言的指令与虚拟世界中的其他玩家或 NPC(非玩家控制角色)进行互动。

第一个 MUD 的联合创造者 Bartle 说:"神创造虚拟世界,设计师就是那些神明。"

✦ MUSH:多用户共享幻觉

MUSH 比 MUD 社交性更强,允许多人在一个人工环境中互动,玩家更多以协作的方式解决问题,而不仅仅是完成自己的任务和与怪物进行对抗。

MUD 和 MUSH 的出现,宣告着虚拟世界的大门正式开启。

MUD 是第一款真正意义上的实时多人交互网络游戏,尽管文字带来的信息是有限的,但玩家可以通过无限想象力,去创造一个与现实世界完全不同的虚拟世界,举例如下。

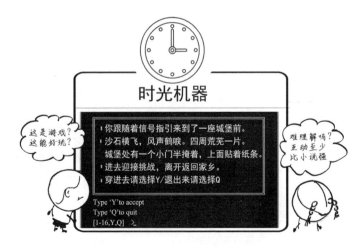

注:当时的交互文字为英文,中文只是为了便于本文理解

对于上面的游戏内容，在出现相应的文字提示后，你便可以选择自己下一步的行动，如"穿进去"，系统处理后便会再次输出你所在的新的位置，并给出下一个剧情的提示，如此循环。

这是一个最简单的虚拟世界，人人皆可参与，用文字和想象力去表达一个未知的世界。玩家通过与计算机文本互动的方式，可以构建出自己想要的虚拟世界。

这种计算机文本交互的形式，为虚拟世界种下了一颗种子。

进化阶段：2D图形界面与多人社交

文字能够激发人的想象力，同一段文字在不同人心里可能是完全不同的世界。

尽管如此，依托文本创建而成的虚拟世界，无法给玩家带来直接的感官刺激，玩家也无法在虚拟世界中获得更加真实的创造感。

随着计算机技术的发展，图形游戏取代了文本游戏，MUD游戏逐渐退出了历史舞台。

1981年，科幻小说《真名实姓》出版，初步构造了一个丰富的"赛博空间"。

1986年，科幻小说《神经漫游者》出版，普及了"赛博空间"的早期概念。

不久后，Habitat登上了时代舞台。Habitat是一款多人在线角色扮演的大型游戏,这是创造一个大规模的商业化的虚拟世界的首次尝试。

它是第一个包含图形界面的虚拟世界,也是第一个在虚拟世界中使用 Avatar 来描述其数字居民生活状态的游戏。

Avatar 即化身,在当时的科幻小说中,对于虚拟世界的幻想几乎都会提到这个词。

在 Habitat 中,依托 Avatar,玩家可以在游戏内根据性别、职业等定制一个图形化的虚拟形象,并通过第三视角与其他玩家互动,增强沉浸感。

Habitat 是一个庞大且具有想象力的虚拟世界,每个人都可以在其中冒险、恋爱、结婚……它是开放且多元化的,设计者并没有为虚拟世界的数字居民提供一系列的固定目标,而是为玩家提供了可以选择的各种可能的活动。同时,制作人还让渡一部分设计权给玩家,这样的尝试为后来的 UGC(User Generated Content,用户生成内容,也为用户原创内容)工具的开发奠定了基础。

从文本互动到 2D 图形界面，玩家从依靠想象转为直接面对具象模型，让大众更愿意接受这样的虚拟世界。

在构成虚拟世界的元素中增加了多人互动及社交。设计权的让渡，表明虚拟世界正朝着内容开放的方向前行。

在大颗粒像素的时代，元宇宙元素已经萌芽

第二阶段可以视为虚拟世界的进化——画面、沉浸感、多人互动社交、内容开放……在这一阶段，你甚至可以看到元宇宙中的一些元素了。

 同维阶段：三维世界的建立

20 世纪 90 年代，计算机性能和图形处理技术快速发展，平面游戏开始慢慢向 3D 游戏转变。

与平面游戏相比，3D 游戏引入了立体坐标，与真实世界更加贴近。同时，3D 游戏的操作性更强，为玩家带来了更多挑战。

在这一阶段，虚拟世界慢慢与现实世界处在了同一个维度，与此同时，在这一阶段还出现了用户创建内容、开放式社交、社区自治等新元素。

1994 年，Web World 诞生，它是第一个多人社交游戏，用户可以实时聊天、旅行、改造游戏世界，正式开启了虚拟世界中的 UGC 模式。

1995 年，Worlds Inc 开启了第一个全新的 3D 虚拟世界。Worlds Inc 的每一个玩家都是这个虚拟世界的参与者，没有人是主角，或者说人人都是主角，它强调游戏世界的开放性。

与此同时，Active Worlds 诞生，迅速成为最重要的 3D 社交虚拟世界，吸引了众多的用户，规模呈指数级增长。玩家不仅可以创建自己的游戏环境（用户创建内容），还可以与其他用户进行协作，共同搭建建筑。

Active Worlds 是基于小说《雪崩》创作的，以创造一个元宇宙为目标，提供了基本的内容创作工具来改造虚拟环境。

随着 Active Worlds 的发展，其社交属性也比前两个阶段的虚拟世界更加明显，同时个人的数字身份也显著加强，所属权的归属和群体的分化也与真实世界趋于一致。

与前两个阶段相比，同维阶段的虚拟世界有以下亮点。

- 图形升级：从 2D 到 3D，更加拟真，更有沉浸感。
- 社交增强：可实时交流，社交更加方便。
- UGC：增加用户创造数字内容的工具，使玩家成为真正的参与者,同时大大丰富了虚拟世界中的数字内容。

- 社区自治:不同信仰的用户愿意为了彼此相同的信仰为社区自发做出贡献,逐渐形成自治组织。

元宇宙下的分布式自治

在这个阶段,一个大概的虚拟现实世界框架已经建好了。

突破阶段:虚拟经济系统的出现

在虚拟世界中,玩家的精力和时间有限,资源也有稀缺性。玩家必须像在现实世界中一样,在各种活动中需要做出取舍。不同人的需求是不一样的,所以交易行为自然而然就诞生了。

而随着交易的增多,就需要一个稳定的经济系统来支撑。

21世纪初期,游戏《第二人生》上线,和Active Worlds一样,它同样允许用户在虚拟世界中创建一些物品和建筑,但与之不同的是,这些被创建出来的虚拟物品是可以用来交易的。

在《第二人生》的虚拟世界中,它改变了之前那些简单的交易行为,出现了一种虚拟货币"林登币"(Linden Dollar),使用这种虚拟货币,可以对虚拟世界中的虚拟物品进行买卖,不仅如此,林登币还可以兑换成美元,用户可以使用真实世界的信用卡在两种货币之间进行转换。

林登币的出现,或者说《第二人生》里这一虚拟经济系统的出现,让玩家不仅可以在游戏内游玩,还可以在虚拟世界中通过活动来获得真实世界的收益。正是因为有这一经济系统的激励机制存在,UGC得到了前所未有的发展,每个人都有更大的动力去创造内容。

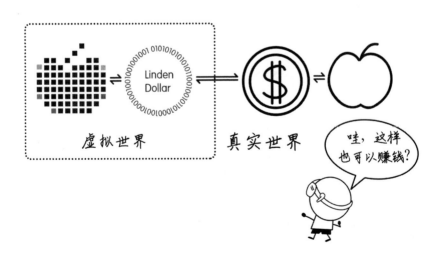

2004年,一位用户在《第二人生》中创造了一款虚拟游戏中的虚拟游戏,让其他玩家能够在自己游戏中的家中运行该游戏。通过售卖这款虚拟世界中的虚拟游戏的副本,他获得了 4000 美元的现实收益,后来更是授出版权,得到了五位数的现实收益。

虚拟经济系统的出现,让虚拟世界慢慢跳脱出游戏范围,并通过强大的 UGC 激励,开始扩大虚拟世界的内容储量,朝着与现实世界融合的方向前进。

在这一阶段,除了虚拟经济系统的出现外,图形升级方面也有了进一步的发展。

与《第二人生》同期诞生的另一个虚拟世界是 Blue Mars,它使用当时最先进的 Cry Engine 2 游戏引擎,将更高质量的图像融入虚拟世界,它还包含了动作捕捉动画及 3D 内容编辑等,也可以在第三方的 3D 图像编译器上创建数字内容。

在这一阶段,虚拟世界突破了原有的游戏桎梏,越来越朝着商业化方向前进,并且在自己的内部世界中创建了虚拟货币,这套能够与现实世界法定货币进行兑换的经济模式逐渐构成一个庞大的经济系统。玩家可以在虚拟世界中创建和消耗内容,通过该虚拟经济系统获得收益,从而促进 UGC 的发展。因为图形技术升级,虚拟世界的真实感和沉浸感也变得更加强烈。

在这一阶段,虚拟世界的发展已经开始脱离"游戏"范畴,就像《第二人生》一样,不再把自己定义为游戏,而是创造一个新的世界。正如林登实验室所说,他们的目标不是简单地制造一款游戏,而是要创造一个像斯蒂芬森在小说《雪崩》中描述的元宇宙一样的世界。

破立阶段：
去中心化思想的出现

破立阶段主要与去中心化的思想有关，它是最接近元宇宙的一个阶段，同样也是离我们最近的一个阶段。

这一阶段始于 2007 年，特点是对虚拟世界进行去中心化处理。

Solipsis 便是一个很好的例子。

Solipsis 是一个能够供多人共享虚拟世界的免费和开源的系统，它的核心目标是创建一个尽可能不受私人利益影响的虚拟世界。它是一个点对点系统，是一个节点网络，与传统的服务器模式有本质区别。

除了 Solipsis 外，还有其他类似的开源项目，如 Open Cobalt、Open Wonderland 等。

如果虚拟世界能够实现真正的去中心化，便意味着这个虚拟世界是所有人共有的。所有人不仅仅是这个虚拟世界的参与者，更是创造者，这个虚拟世界中的每个人都会更加自由，这和区块链的思想是一致的，而区块链也正好被视为目前元宇宙的"补天石"。

在传统的虚拟世界中，即便玩家能够沉浸在虚拟世界中进行内容创造，并能够从虚拟世界里获得收益，但因为缺少去中心化思想，虚拟世界依旧无法和真正的元宇宙扯上关系。两者就像隔着一道天堑，永远无法连通。

实际上，去中心化思想是元宇宙的灵魂。没有这个灵魂，虚拟世界永远是漂浮不定的海市蜃楼。

无论虚拟世界的设定多么庞大丰富，无论玩家的内容创造如何推动世界发展,无论虚拟世界如何迫近现实世界,只要缺少去中心化思想,它都无法被称为真正意义上的元宇宙。

不过,这一阶段的需求,并非从虚拟世界直接跨向元宇宙,它只是一种可能性的探讨,一种对元宇宙实现的尝试。

从这一阶段开始,人们渐渐认识到虚拟世界和元宇宙的相似性,也开始对元宇宙的实现路径进行思考。

元宇宙≠虚拟世界,但我们可以认为,元宇宙起源于虚拟世界。

在"创世纪"的前传中,我们回看了整个虚拟世界的发展史。

从基于计算机文本交互的虚拟世界,到具有图像交互界面及社交元素的世界,到 3D 图像及内容创造的世界,到具有虚拟经济系统的世界,再到具有"去中心化思想"的虚拟世界。

虚拟世界的演变,是从最简单的游戏场景逐渐演化到更庞大的世界。它从一开始的"游戏",慢慢变成了一个真正的世界。

"创世纪"不是突然出现的,它需要一步步沉淀,需要完成许多前期准备。

可以确定的是,从虚拟世界到元宇宙,一定需要更多人参与,需要更大的网络连接,需要更标准的统一协议,需要更去中心化的治理方式,需要更完善的经济系统来共同完成。

在虚拟世界的基础上,继续向外、向上延伸,最终会成为我们所畅想的元宇宙。

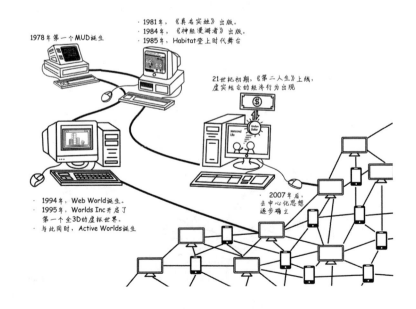

那些梦中的
"绿洲"

Metaverse

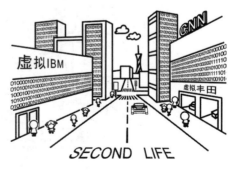

"创世纪"的前传中诞生了很多元宇宙模型,它们有的是极具想象力的影视作品,有的则是依靠互联网技术构建的优秀游戏,有的是通过硬件平台创造的开源世界,还有一些是通过区块链技术打造的新世界。很多产品都能够看到元宇宙的影子。

元宇宙中的音乐

元宇宙中的游戏

元宇宙中的医疗

元宇宙中的聊天社交

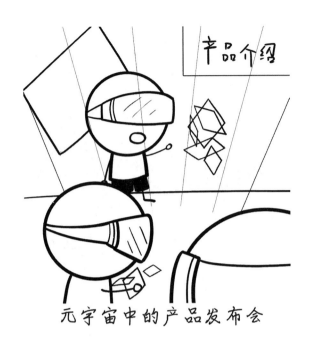

元宇宙中的产品发布会

元宇宙中为自己设计虚拟形象

元宇宙中设计场景

元宇宙——家

以太坊

以太坊（Ethereum）是一个开源的有智能合约功能的公共区块链平台，通过其专用加密货币以太币（ETH），提供去中心化的以太虚拟机来处理点对点合约。

与传统的互联网产品不同，以太坊表面上看起来与元宇宙没有关系，实质上却拥有元宇宙最重要的特点，它的去中心化体系是元宇宙设计最核心的内容。

元宇宙的最终建立需要一条超级公链，这正是以太坊在做的事情。超级公链作为元宇宙的主链，用以记录信息，所有人都可以在链上读取、发送交易，且交易能获得有效确认。通过这条超级公链，可以延伸出无数条代表教育、生活、医疗、游戏、慈善、职业等的支链。

与比特币最大的不同在于，以太坊是具有图灵完备性的，它可以用区块链的方式连接全球所有的机器，组成一个强大的硬件基础。在以太坊系统中，设置了虚拟计算程序。以太坊制定了一个内置的多种编程语言的区块链协议，这些编程语言都是具有图灵完备性的，支持条件分支、循环、跳转、函数调用等复杂的逻辑运算，理论上可以在以太坊区块链上运行任意应用。

正因如此，无数的生态在以太坊这个"元宇宙"中野蛮生长。

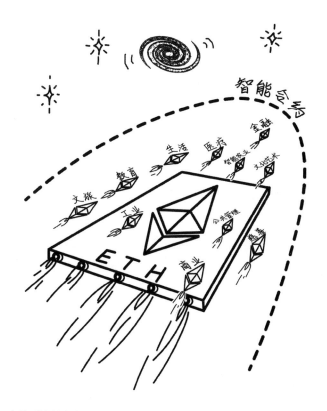

以太坊公链站在金字塔尖,各类协议如 ERC-20(同质化通证)、ERC-721(非同质化通证)、ERC-1155(非同质化通证进化版)、EIP-1559(燃烧协议)、Polygon 站在第二梯队,各种应用在这些协议或者智能合约上开始创造自己的"小宇宙"。

现在以太坊上的合约已经包罗万象,主要包括 ERC 标准、DeFi、NFT、DEX、钱包、游戏、域名、供应链、投票、开发工具、数字 ID、DAO 治理、预言机等。

除了底层协议和经济体系外,以太坊的治理方式也十分贴合元宇宙的理念。

元宇宙的治理方式是去中心化的、自下而上的民主决策。

以太坊出现后，去中心化自治组织 DAO（Data Access Object，数据访问对象）也被提出。利用 DAO，人们可以在无须依赖信任或者第三方的情况下，在全球范围内彼此协调，实现共同目标。

这种模式下，不仅仅核心开发者能够参与项目的提案、投票、决策，其利益相关者也都可以参与其中，同时在治理中形成经济体。在以太坊中，每一个资产持有者、利益相关者，能可以参与自治。

尽管以太坊没有像 Meta（Facebook 更名后的公司）一样直接把"元宇宙"贴在脸上，但以太坊所做的事情，却实实在在无限接近元宇宙。

我的世界

很多人对《我的世界》这款游戏存在误解，认为它是一款像素风的儿童游戏。从画面上看，《我的世界》是偏向低龄化的，但实际上它包含许多接近元宇宙的理念。

《我的世界》是一款开放式沙盒游戏，极高的创作自由度为游戏带来了长久的活力。游戏注重让玩家去探索、交互，改变一个由多块像素组成的方块动态生成的地图。除了方块以外，环境单体还包括植物、生物与物品。游戏里的活动包括采集矿石、与敌对生物战斗、合成新的方块与收集各种资源。

《我的世界》中的功能多到令人难以置信,每天都有数百万人沉浸其中。在《我的世界》中,人们建立了无数个自定义世界,创造了无数种模式,共同搭建一个庞大的虚拟世界。

《我的世界》虽然是一款游戏,但也具有一些元宇宙特征。

首先,在《我的世界》中,任何人都可以创建自己的世界。当你创建了一个世界后,便可以邀请你本地 Wi-Fi 上的任何人加入。《我的世界》的开发者没有创造一个封闭社区,而是允许所有人根据自己的想法去创造自己想要的世界,每个人的世界都是独一无二的。

《我的世界》还有丰富的 UGC 生态,玩家可以在一个随机程序生成的 3D 世界内,以带材质贴图的立方体为基础按照自己的意愿,对游戏世界进行改造。目前《我的世界》已有超过 4 亿的注册用户、1.2 万个开发团队和超过 5.5 万份的优质内容。

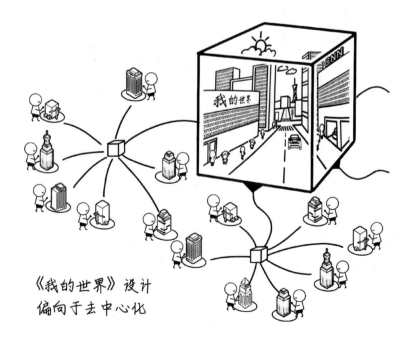

《我的世界》设计偏向于去中心化

《我的世界》还有一个 logic-wiring 系统，通过这个系统，玩家可以创造各种各样的东西，如果你擅长平面设计，你就可以给你的角色制作皮肤；如果你懂编程，你就可以在游戏里创建全新的对象，从而改变游戏玩法；你甚至可以开发皮肤编辑器等工具，来降低其他玩家创造内容的门槛。

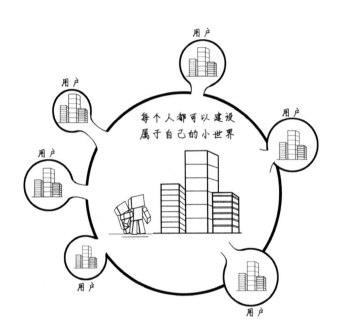

正是因为有极高的创作自由度和友好的内容创造环境，借由一个良好的 UGC 生态，《我的世界》才有如此强大且持久的生命力。元宇宙同《我的世界》一样，都是开放式的、去中心化的，用户在元宇宙中可以任意创建自己擅长的东西，从而创建出自己的"小宇宙"。

 Roblox

　　Roblox 是多人在线的游戏创作平台,玩家在创作游戏时具备极高的自由度,平台具备全面且与现实经济互通的经济系统。玩家可以在游戏中互通虚拟资产与虚拟身份,创作者可以在自己的游戏中设计商业模式。

　　Roblox 的经济系统、身份系统、社交网络、内容创造等各个方面在一定程度上都具有元宇宙的特点。

　　Roblox 拥有一个建立在一种名为"Robux"的货币基础上的充满活力的经济系统。用户可以用该货币为自己的角色购买道具,同时 Roblox 也允许开发者和创造者将 Robux 转换为现实世界的货币。

同时，Roblox 所有的用户都有自己独特的身份，每个人都可以化身为自己想要成为的人，这个虚拟身份在 Roblox 中是互通的，个人所拥有的虚拟资产和网络好友关系，在 Roblox 的各个游戏中都可以延续。

在内容创造方面，Roblox 是一个由开发者和创造者共同创造的、巨大的且不断扩展的宇宙。Roblox 向创作者提供了 Roblox Studio 工具集，创作者可以通过工具集高度定制化打造游戏宇宙，不仅可以设计地图、剧情，还可以在玩法、消费模式上进行深度设计。这也使 Roblox 有数以百万计由创作者创造的虚拟物品。

Roblox 是目前被视为最接近元宇宙的项目，它的模式已经具有元宇宙的雏形。

头号玩家

如果问到人们眼中未来的虚拟世界是什么样子的，大概 90% 的人会回答是《头号玩家》里的"绿洲"。

《头号玩家》中的"绿洲"，是游戏公司利用虚拟现实技术与网络游戏的完美结合，为人类提供的避世的心灵港湾。它与我们所说的"元宇宙"的定义有些不同，但在表现内核上有极高的相似度。

在"绿洲"中，每个人都有自己独特的虚拟身份，这个虚拟身份与现实世界全然不同。《头号玩家》里的男主角韦德，在现实中是一个生活在贫民区的普通少年,但在"绿洲"里他化身为帕西法尔(神话中的英雄少年),成为万众瞩目的超级英雄。

其他人也有各自的虚拟身份,如阿尔忒密斯、艾奇、阿诺克、修Shoto、索伦托……每个人都在"绿洲"中开启了自己的第二人生。

同时,"绿洲"还带来一种高度的沉浸式体验。只要头戴VR眼镜,手戴动作捕捉手套,就能进入一个虚拟世界,并体会与现实世界无异的高度沉浸感。这是我们对未来VR等技术的憧憬,进入"绿洲"就像进入另一个真实空间,现实世界和虚拟世界几乎没有差别。

"绿洲"还拥有无数个世界,极具神秘感和未来感,它既可以是现实世界的镜像复刻,也可以是能与巫师战斗的神话世界,甚至可以拥有与现实世界完全不同的物理定律。

在某种程度上,我们可以说"绿洲"便是未来元宇宙的雏形。

指环王

20世纪30年代,一个普通的大学教授正在批改考卷。突然兴之所至,在试卷空白处写下一句"在一个地下的洞府里,住着一个霍比特人……",这个人是托尔金,小说《魔戒》的作者,其作品被改编成影片《指环王》。

也许托尔金自己也没有想到,这么一个简单的灵感,竟开启了一个奇幻时代。

元宇宙这一概念源于斯蒂芬森的科幻小说《雪崩》。但如果从"创造世界"这一层面来看,元宇宙的起源应该是托尔金。

托尔金在《指环王》中构建了一个中土世界,这是一个与现实世界完全不同的"第二世界"。《指环王》拥有详细的世界设定、丰富的故事背景,它有属于自己的价值观和世界观,有诸多种族、辽阔地域和完整的世界法则,甚至托尔金还创造了属于《指环王》的语言,来让这个世界变得更加真实。

元宇宙是未来的幻想世界,而《指环王》是过去的幻想世界。

托尔金在解释自己的创作思想时,引入了"神话创造"这个词,并称自己是"爱神话者"。他认为人是次创造者,可以创造物理规则和生命规则与现实完全不同的"第二世界"。

　　创造具有完整且自洽的幻想世界是元宇宙的内在要求。创造这样的幻想世界需要包含历史、地理、生态等各方面内容,要创建地图、背景故事、动植物种类,甚至可能会涉及不同的种族、不同的社会习俗,甚至要发明特殊的语言。

　　从某种意义上讲,《指环王》是文化层面上的元宇宙。它开启了一个全新的时代,并留下了无数的想象空间,托尔金的中土世界奠定了庞大的西方幻想体系的基础,它创建了一个开放的、可设定的世界,并一直影响着后来者。无论是《哈利·波特》还是《权利的游戏》,都可以看到《指环王》的影子。

　　就像元宇宙一样,《指环王》创建了一个大世界,最终会有无数的其他世界融入这个大世界中。

　　另外还有一点值得注意,在元宇宙形成的过程中,内容是至关重要的,而其中有一类内容最有可能实现,即有宏大叙事场景和宇宙观、众多人物和相对明确的人物关系、层层递进的故事逻辑、浓郁的游戏色彩和天然沉浸感的内容。

《指环王》就拥有这样的内容，它很容易就能形成强粉丝效应，在核心受众中具有巨大的感召力和影响力，可以让大家一起去推动其发展。

实际上，像《三体》《沙丘》《基地》这样拥有庞大世界观和丰富背景的故事，都是一种特殊形式的元宇宙。

Decentraland

Decentraland 是基于以太坊区块链建立的一个虚拟平台，为用户构建了一个居于链上的虚拟世界。在 Decentraland 的主体世界里可以参观其他玩家拥有的建筑，可以参与位于各建筑内的活动与游戏，也可触发一些特殊剧情（捡到收藏品等），或者和其他玩家通过语音或文字对话，操纵自己的"化身"在这个虚拟世界里尽情畅游。

同样，在 Decentraland 中，每个人都可以通过其提供的制作器 Builder 创建属于自己的建筑，可以把建筑放置在自己的世界里，也可以用于交易。

Decentraland 拥有几乎全部虚拟世界类应用的特征，但与普通的互联网虚拟世界不同的是，它将这一切搬上了区块链。

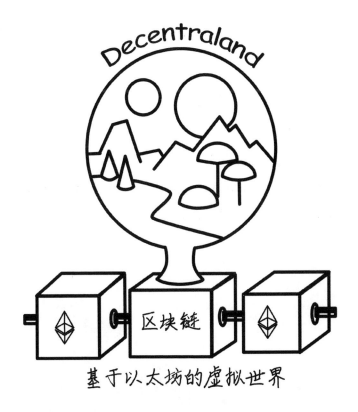

基于以太坊的虚拟世界

区块链的应用不仅使 Decentraland 中的一切产权和交易行为都有迹可循，也使用户能够通过集体投票成为其真正的主人和治理者。

事实上，Decentraland 也确实成了 DeFi（Decentralized Finance，去中心化金融）世界里第一批采用 DAO 社区治理模式的项目。

Decentraland 内的地块由不可替代的 NFT 代币 LAND 表示，这些代币跟踪以太坊区块链上的所有权。LAND 建立在以太坊的 ERC-721 协议标准之上，使其成为可以与其他用户进行交易的数字资产。

另外，Decentraland 中的游戏资产和地块，不仅可以在项目内部平台进行交易，也可以在其他平台交易，如 OpenSea。

尽管 Decentraland 的画风和游戏体验远不及传统的沙盒游戏，但因为对虚拟资产的权益的保障，仍然有很多人参与建设。

Decentraland 作为一个区块链游戏，它的经济系统非常接近元宇宙。它是一个由区块链驱动的虚拟现实平台，也是第一个完全去中心化、为用户所拥有的虚拟世界。

Decentraland 作为以太坊上最先发展起来的元宇宙类游戏之一，"宏大"是它的优点所在，Decentraland 可以为各类用户提供在这个世界中的各种体验，它为我们勾勒出了链上元宇宙的美好版图——用户治理、无限拓展。

第二人生

《第二人生》和传统的游戏不同，它不是一般意义上的游戏，人们可以在其中社交、购物、建造、经商。玩家可以创造房屋、汽车、衣服等，玩家可以随时将自己创造的物品出售、转让或者租赁出去赚取林登币。林登币和美元之间可以方便地进行双向兑换。

这个游戏中也诞生了现实中的种种行业，如购物商城、广告商、地产商，甚至是银行。

在《第二人生》的巅峰时期，丰田、通用、阿迪达斯、联合利华等知名企业都在游戏中拓展商业领土，游戏的总产值更是超过了很多第三世界国家拥有的财富，它甚至造就了真实世界的百万富翁。

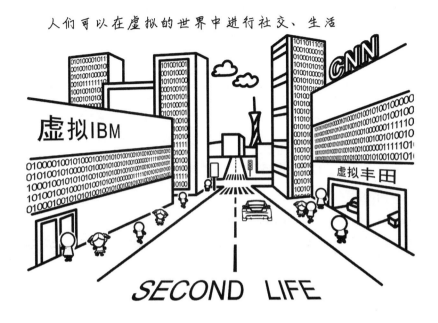

人们可以在虚拟的世界中进行社交、生活

在 Twitter 诞生前，BBC、路透社、CNN 等报社将《第二人生》作为发布平台；IBM 曾在游戏中购买过地产，建立自己的销售中心；瑞典等国家在其中建立了自己的大使馆；西班牙的政党在游戏中进行辩论；喜达屋酒店在这里设计了新的雅乐轩系列；歌手苏珊·薇格在广播节目中进行了虚拟世界的现场音乐会；虚拟时装设计师全职生活在《第二人生》中；丰田在这里发布了其 Scion xB 的虚拟版本；全球音乐电视台 MTV 开设了一个虚拟的拉古纳海滩，以配合同名热门电视节目宣传；美国职业棒球大联盟在《第二人生》中对本垒打德比进行了虚拟重建……

这样的例子不胜枚举。开发团队称《第二人生》不是一个游戏，因为这个世界没有可以制造的冲突，也没有人为设定的目标，但它拥有更强的世界编辑功能与发达的虚拟经济系统。

不过,《第二人生》的衰亡也十分迅速,2007年林登实验室宣布封杀网络赌博,引发了大量赌客到虚拟银行排队取现,这一挤兑风潮,再加上极高的利率,直接冲垮了脆弱的虚拟经济。

曾经虚拟街道上人头攒动的《第二人生》,如今早已无人问津,但它留下了对虚拟社会中道德边界、政策规则、经济体系等问题的讨论,也展示了构建虚拟社会会有超高难度。

《第二人生》带来的另一层意义在于,在21世纪初期,它便已经为我们提供了构建元宇宙的一个基础设想,它在元宇宙概念还没有爆火时便已经有了元宇宙的大致模样。

Omniverse

在2021年的GTC(Global Trade Center,全球商品交易中心)的线上峰会上,英伟达CEO黄仁勋进行了近一个半小时的演讲。

就在人们以为这是一次正常的演讲汇报时,几个月后在计算机图形学顶级年度会议SIGGRAPH 2021上,英伟达却通过一则纪录片揭秘:之前在GTC线上演讲的黄仁勋是"假"的。

视频中的"黄仁勋",是英伟达利用Omniverse制作出来的"数字替身"。

无论是"黄仁勋本人",还是厨房、标志性皮衣,甚至是他表情、动作、头发全都是合成的,而制造出这样一个能够媲美真实黄仁勋的"数字替身"的便是英伟达旗下的平台 Omniverse。

Omniverse 是英伟达推出的一个仿真模拟和虚拟合作的平台，它支持多人在平台中共创内容，使大家能够创建符合物理定律的共享虚拟 3D 世界，与现实世界高度贴合，是用现实数据 1∶1 创造的一个虚拟世界。

Omniverse 基于 USD（通用场景描述），专注于实时仿真、数字协作的云平台，拥有高度逼真的物理模拟引擎及高性能渲染能力。Omniverse 的本质是一个数字虫洞，未来任何计算机都可以连接到

Omniverse，并将一个 Omniverse 世界连接到另一个世界，USD 之于 Omniverse 就像 HTML（一种标记语言，可以将网络上的文档格式统一）之于网站。

只要接入这个平台，图像技术开发者就能够实时模拟出细节逼真的现实世界。通过这个平台，负责 3D 建筑设计的建筑师、修改 3D 场景的动画师及协作开发自动驾驶汽车的工程师等不同行业的设计者们，可以像线上共同编辑文档一样轻松设计 3D 虚拟场景，可以理解为这是一套 3D 的"Google Docs（在线办公软件）"协作环境。

利用 Omniverse，可以模拟厂房和工厂、物理和生物系统、机器人、自动驾驶汽车，等等。换句话说，通过 Omniverse，你可以制造一个与现实世界几乎一模一样的虚拟世界，就像 GTC 大会上的"黄仁勋"一样。

更重要的一点是，Omniverse 是开源兼容的，在这一平台上，人们既可以进行 3D 建模、游戏场景开发，也可以进行产品设计、科学研究、机器人测试和自动驾驶测试等工作。

元宇宙与 Omniverse 一样，本质上都是再造一个世界或者再造一个宇宙。创造一个新世界是元宇宙的目标导向，也是 Omniverse 的追求。

这些梦中的"绿洲"，尽管距离真正的元宇宙还有很长一段距离，但不可否认的是，它们的出现给了我们一种触手可及的创世体验，在某种程度上让我们意识到，元宇宙或许就在我们眼前，它不是梦，而是正在发生的事实。

设计
元宇宙

Metaverse

元宇宙作为我们梦中的"绿洲",充满了神秘感,给我们带来了无限憧憬和想象。但它又涉及很多底层技术,在构建和设计方面并不是一蹴而就的事。那么,设计元宇宙需要考虑哪些方面呢?

要想搭建一个新的世界,需要要有世界观,当下一些影视作品在世界观建设方面已经做得比较好。在讨论如何确定元宇宙的设计要素之前,让我们先展开想象,了解一下影视作品中所展现出来的奇幻世界是否会在我们设计的元宇宙中出现呢。

《指环王》无疑是现代创世题材的佼佼者,它将一个恢弘的魔幻世界呈现在我们眼前。作者托尔金为了营造一个更真实的世界,甚至为小说中的族群发明了多达15种文字。

《指环王》指环上的文字是由古老的精灵文字书写的咒语

除了《指环王》,科幻小说中也会出现成体系的文字设计。比如在《星际迷航》系列中,有一个种族叫瓦肯人,他们理性,有着如精灵般的耳朵,最具有代表性的是他们的手势。但是更加让人惊叹的是作者为瓦肯族人创造的语言,美丽而神秘。

电影《阿凡达》不仅仅搭建了一个拥有艾米族语言的世界,而且开始讨论平行世界、意识上传、个体与整体。这一切不正是元宇宙要讨论的事情吗?再看看《阿凡达》中那个可以进行信息交互的辫子,这不就是脑机接口吗?

《阿凡达》为我们打开了一扇能够直观体验元宇宙的窗户。

在现实世界,元宇宙已经近在咫尺,设计一个元宇宙需要的技术和知识包罗万象,它一定比设计电影背景要复杂的多。

那我们就先透过表象看本质,从元宇宙的"路线之争"谈起。当下,元宇宙发展方向分化成两条完全不同的道路。从这两条路径出发,也许我们能找到设计元宇宙的真正密码。

元宇宙的路线之争

元宇宙的概念一直模糊不清,核心问题在于它存在以下两条实现路线之争。

一条路线是以互联网派为主导,以互联网巨头为代表,他们希望在已有的产品上实现从互联网到元宇宙的过渡,如果能将现有产品和用户直接转化为元宇宙用户,那么这些互联网企业将在未来三十年内再次立于不败之地。例如,腾讯希望用户将《王者荣耀》视为元宇宙雏形,米哈游希望用户将《原神》视为元宇宙产品,而 Meta 则希望它的社交体系在接入 VR 设备后直接转型为元宇宙世界。现在大部分人被这一派的观念所影响,在很多人眼中,元宇宙就是一个接入了 AR/VR 的沉浸式游戏。

另一条路线是以区块链派为主导,以太坊公链是这一派的代表,它们以"加密经济""数字身份""稀缺比特""跨链传输"这四点作为元宇宙内核来设计产品,最核心的要点就是"去中心化",这与互联网现在已经形成的"中心垄断"正好相反。这些区块链设计的"元宇宙"产品完全不考虑 AR/VR/XR 的接入，也不在意沉浸式体验，它在创世之初更关注的是经济基础。

区块链派坚信经济基础是关键，只要财富分配体系足够吸引人，那么基于趋利性，元宇宙自然就会建立起来。这个群体属于少数，他们是科技金融圈的代表，在这些人眼中，元宇宙本质应该是一个"去中心化"的财富分配金字塔。

除此之外，还有一些派别希望以硬件或者游戏引擎作为"元宇宙"的创世"奇点"，如 Omniverse 和 Unity，但它们的实现路径仍然属于互联网派。

无论是互联网还是区块链，最初都存在原教旨主义理想，但由于追逐的利益不同，早已形成垄断的互联网巨头（包括软件和硬件）希望从产品体验、硬件接入、世界设定等方面来定义元宇宙，而区块链派则希望从价值观、经济学原理、数学信任度层面来定义元宇宙。

互联网派的烦恼

人们把元宇宙视为互联网的下一站，很多互联网企业也把元宇宙当成时代的梦想。

互联网失去想象力了吗？这是近年来行业内问得最多的问题之一，发展瓶颈让互联网企业不得不努力追寻新的可能。

从理论上来讲，互联网巨头进军"元宇宙"有着天然优势，它们对区块链也并不陌生，因为区块链本就带着互联网基因，例如，互联网企业一开始对于 Token 的理解，就在很多区块链企业之上。Token 作为区块链技术中不可或缺的一部分，是发行激励的一种必然机制，是共识达成的数字权益证明，它源于网络通信，属于计算机术语，原意为"令牌、信令"。历史上有个局域网协议，叫作 Token Ring Network（令牌环网），此网络中的每一个节点轮流传递一个令牌，只有获得令牌的节点才能通信。

互联网企业正值壮年，既有强大的市场战斗能力，又有年富力强的领导者，还有熟知代码的技术团队，有体系完善的社群基础，有信息庞大的数据积累，更有对区块链的深入理解……按照逻辑来讲，它本不会给新生的区块链派留下任何机会，互联网派应该天然是元宇宙最好的建设者和领头羊。不过，就态势而言，互联网派并没有牢牢把控设计元宇宙的先天优势，反倒使区块链派欣欣向荣。

其实，这不能怪互联网派不努力，因为互联网巨头在设计元宇宙时，有着一系列暂时无法解决的烦恼。

- 互联网巨头已经形成的垄断中心化优势,正好是区块链原住民最反对的价值观。
- 成熟的产品很难直接接入区块链技术,因为这是两个不同体系。
- 互联网巨头企业直面公权力监督,担心存在法律风险。
- 互联网巨头之间互不买账,没有办法达成共识公链或者跨链的协议。

正是以上原因,使得互联网巨头在进军元宇宙时束手束脚,没有办法完全将区块链技术整合进来,同时还要维护原来的产品,于是,这就给区块链企业留下了进军元宇宙的机会。

◆ 区块链派的担忧

互联网派没能在设计元宇宙中力拔头筹，区块链派自然有野蛮生长的机会。但欣欣向荣不代表一帆风顺，互联网派有互联网派的烦恼，区块链派也有区块链派的担忧。

区块链派一开始并没有意识到自己在设计元宇宙，他们只是想在互联网之外找到一条发展之路，用区块链技术重新设计人类社会的金融体系，即使有些团队在设计区块链游戏，也只是利用人对财富的渴望来打造一个金钱游戏，并没有创造世界的野心；直到传统世界将区块链技术视为元宇宙不可或缺的经济支柱时，区块链派迅速醒悟——既然我们已经理解了元宇宙最核心的内容，为什么不能利用区块链技术再造一个世界、再造一个宇宙呢？

作为这个时代对新技术、新金融最敏感的一群人，他们不仅有着极其强烈的商业野心，同时执行力也非常强大，这是区块链派能够迅速崛起的原因，但区块链派在设计自己的元宇宙时，同样面临很大困境。

- 普通用户对区块链并不信任。
- 大众用户对"中心化"有依赖，对"去中心化"价值观并不理解。
- 区块链元宇宙的接入门槛非常高，很多用户连加密钱包都没有。
- 资本和技术相对薄弱，没有办法长期坚持下去。
- 传统权力体系的资本体系对区块链产品有对抗心态。
- 区块链圈本身鱼龙混杂，这个行业很容易让真正做事的人失去信心。
- 缺乏专业人士的帮助，存在法律风险。
- 行业当前还处于遵守丛林法则的蛮荒期，竞争激烈。

所以，当区块链派在进军元宇宙时，也总是磕磕绊绊，看似繁荣发展，实则暗流涌动，因为这些问题的存在，区块链派并没能因此拉开和互联网派的差距。

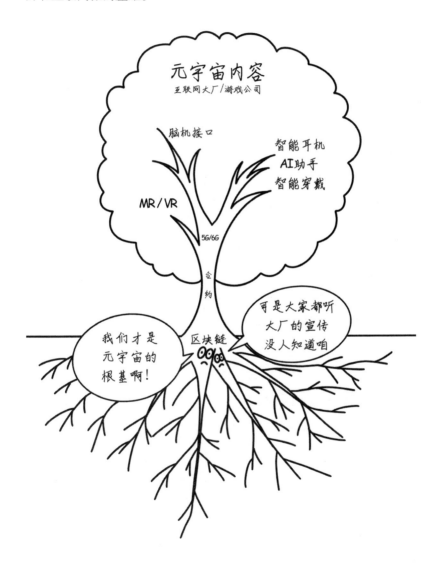

Meta的发展问题

关于互联网派的烦恼,我们可以以 Meta(原为 Facebook)作为标准案例,来分析互联网企业在设计元宇宙时的矛盾之处。

无论是互联网技术,还是区块链技术,Meta 都非常了解。在互联网方面它是社交巨头,拥有近 30 亿的用户;在区块链层面,它在 2019 年就发布了 Libra 白皮书,传达出对区块链技术深刻而清晰的认知。

这样一个互联网企业,在设计元宇宙时,本应该有天然的优势,然而当扎克伯格在 2021 年 10 月 28 日将 Facebook 更名为 Meta 时,声称要集全公司之力进军元宇宙时,区块链世界的中坚力量不但没有表示欢欣鼓舞,总体的反馈甚至可以归结为一句话:Facebook 建造的是数字版本的地狱。在加密先行者看来,Meta 鼓吹的 VR/AR 只是元宇宙的皮相,而非元宇宙本质。无论有多少先进技术的硬件接入,也只是互联网披上的一层虚幻外衣,根本就不是真正意义上的"元宇宙"。

传统的互联网网民也表示质疑,认为扎克伯格试图进一步将自己束缚在他的社交囚笼里,元宇宙只不过是打造一个升级版的"奶嘴",让所有人都离不开他所设计的世界。Meta 只是想借助元宇宙的风头升级自己的社交帝国,妄图提前一步成为数字世界的霸主。

为什么会有这么多的反对声音?因为 Meta 继承了它在互联网方面的优势,同时也背负着传统互联网的缺陷,传统互联网对数据隐私多次侵犯,这种"中心化"的垄断让人早已失去对它的信任,用户无法确定它升级到元宇宙后,"剥削"会不会变本加厉。

Meta 知道用户会在这方面对它进行挑剔,但是它为什么还会大张旗鼓选择元宇宙之路呢?以下五点正是互联网巨头 Meta 的矛盾和痛苦之处,也为其他互联网企业提供了借鉴和经验。

- Meta 更名前的回报已接近极限,必须寻找新的增长点,而元宇宙提供了新航向。
- Meta 现在的互联网用户接近30亿,美国政府已经对它非常警惕,必然会对它进行围剿,所以它需要寻找新出路,而元宇宙可以转移焦点。
- Meta 的商业模式在于发掘用户数据价值,虽然存在极大争议,但它不可能轻易放弃。

- Meta 在硬件方面投入巨大，即使知道"去中心化"数字资产是元宇宙核心，也必须强化自己在硬件方面的优势。
- 即使 Meta 已经布局区块链资产 Libra 或者其他"去中心化"的数字资产，但也不会轻易公布自己在这方面的规划，因为法定货币世界与虚拟货币有天然的对立性，一旦被发现可能会又一次被监管机构盯上。
- Meta 即便是在构建"去中心化"的社会组织体系，也不能轻易地将这些信息公布出来。

Meta 要应对的事情并不仅仅只是思想上的革命和技术上的转变，还有法律上的风险、政治上的审查，以及意识形态上的捕捉，这不仅仅是 Meta 一家公司的痛苦，也是其他互联网公司的担忧，有些公司已经在元宇宙上有了"去中心化"布局，但又不能光明正大地向全社会展示出来。当代社会的生产关系和元宇宙的世界设计还有一定距离，这就是现在互联网公司在设计元宇宙时遇到的最大障碍之一。

公链和跨链

互联网派在设计元宇宙时总处于矛盾状态，区块链派在设计元宇宙时，也有自己需要面对的难题。

相较互联网企业的谨慎，区块链企业在设计元宇宙时最大的问题是缺乏一条大家都认可的公链。如果没有一条公链，就没有一个基本共识。如果一条公链垮掉，那它上面所有的项目就会被销毁。如果一条公链被大部分人接受了，就像我们这个原子宇宙最基础的数学原理和物理规律已经被设计好，创世的基本粒子已经被确定一样，那么这个宇宙就会开始它的进化。公链也是一样，它是元宇宙向前进化的基石，有了确定的公链之后，元宇宙最初的探索者才可以在这条公链上开发星系、星球，早期的冒险者才可以在蛮荒星球上开辟自己的基地，早期的拓荒者才可以修建农场、狩猎场、游戏公园等。

直到今天，区块链世界的公链仍然竞争激烈，各有优劣，使得项目方很难确定自己应该在哪一条公链上建设自己的世界，这是现在区块链元宇宙面对的第一难题。

既然有这样的问题，那么可不可以让公链自由竞争，然后建立一个中间连接件？这就是"跨链"的概念。

什么是跨链？每一个区块链体系都是一个独立的账本，两条不同的区块链就是两个毫无关联的独立账本，我们一般将这样的区块链体系称为公链，公链与公链是相对独立的"平行世界"，但如果两条公链存储的数据都非常重要，必须将这两个"账本"整合在一起，那将这两条公链整合在一起的操作就是"跨链"。

跨链可以实现不同链上的资产互通，甚至数据互通。"跨链"的最大难处不在于技术，而在于两条公链要互相认可对方的价值，并最终开放公链权限。

跨链是不得已的选择，充满了不确定性。所以，区块链方向的元宇宙设计现在基本上只能依靠一条公链，而现在任何一条公链都难以完全被所有人接受,这是目前区块链元宇宙设计的难点所在。

"上车"的困惑

总体来说,区块链元宇宙要建立起来,起码要经历以下三个阶段,每一个阶段都有着难以跨越的鸿沟。

- 第一阶段:解决公链选择难题,才有可能形成真正意义上的元宇宙。
- 第二阶段:解决公链选择难题后还要解决一个"移民"问题,

现在互联网世界的产品体验已经做到极致，很难在产品体验上吸引用户"移民"到元宇宙。因此，如何解决区块链世界安全大于效率的难题，是区块链元宇宙要攻克的技术难题。
- 第三阶段：当法律不再是障碍，互联网巨头开始全盘接受区块链概念，和区块链元宇宙展开正面竞争，区块链元宇宙必须有足够的力量与之对抗。

现在区块链元宇宙还处于设计阶段，但这三个阶段的艰难之处已经显现，要想完成元宇宙的设计，必须慎重考虑这些难题。

最佳路径：
互联网+区块链

互联网派有自己的烦恼，区块链派有自己的担忧，但与此同时它们也有独属于自己的设计元宇宙的优势。那么，如果要设计一个元宇宙，便需要"取长补短"，将互联网技术和区块链原理结合起来，这是设计元宇宙的最好路径。

互联网方向的元宇宙设计的最大问题在于它的"安全性"，也就是如何解决信任度的问题。传统互联网的底层HTTP协议是中心化的，无法解决元宇宙中用户数字身份独立自主的问题，在区块链世界，拥有个人私钥就拥有财富控制权，没有人可以夺走你的财富；但在互联网世界，你的数字资产存储在大公司的数据库里，你自己并不能控制它。

所以，互联网方向的元宇宙，用户的去中心化财富与中心化数据库之间存在着不可调和的矛盾。

区块链方向的元宇宙设计的最大问题是它的"效率性"问题，区块链世界迟早会在市场的竞争中出现一条大家认可的公链，但就算有了这条公链，区块链的效率也不一定能够支撑起元宇宙的应用，因为区块链的底层逻辑是进行分布式计算，通过共识算法虽然保证了未来操作的一致性，但也牺牲了效率性能。我们理想中的元宇宙是"多——分布式""快——性能""好——一致性"并存的，但很显然，目前基于区块链的方向，"多快好"的方案是不存在的，选择了"多"（分布式）和"好"（一致性），就必须放弃"快"（性能）。这样就会制约区块链元宇宙的用户体验。

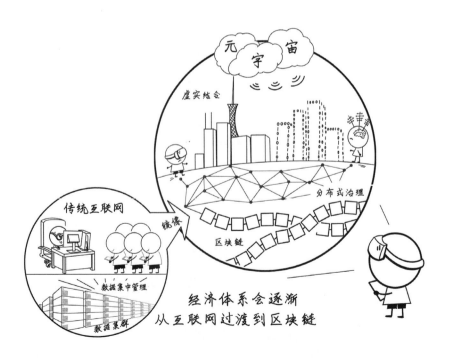

元宇宙要达到理想状态，需要结合人工智能、云计算、MR 终端、游戏引擎、通信技术、物联网、算力网络、5G 技术等，这些技术被互联网进行整合后，形成一个"物理沙盒"，呈现给用户的是一个超越现实的"美丽新世界"；而区块链技术的应用实现了元宇宙中的价值交换，并保障系统规则的透明执行，同时也保障用户数字资产的独立性和安全性，为元宇宙提供一个开放、透明、去中心化的协作机制，这是非常关键的。

那么设计元宇宙就可以有一个基本思路了：可以将元宇宙的大部分普通操作中心化，但涉及数字财富的交互时就需要区块链技术来进行判定。现在大部分的区块链游戏也是这种思路，Axie Infinity 之所以能够吸引很多用户，就是遵循了以上原则。

元宇宙入口的一个重要方向是加密钱包，无论哪个元宇宙产品都需要解决用户的数字资产问题，我们以 Axie Infinity 为例，如果要进入这个游戏，首先要下载 MetaMask 钱包，用来存储加密资产。这个方向最大的难点在于用户的习惯问题，当大部分人已经习惯了互联网的用户加密码的模式之后，如果再让他去记住十二个助记词或者保护好私钥是非常难的，没有人觉得这种操作是安全的。

综上所述，在目前这一阶段，一个企业如果要进军元宇宙，最好的方式是保留互联网产品的运行模式，形成一个可信的中心化金融数据库，最后将这些金融数据投射到区块链网络，形成去中心化的数字资产。这是一种非常轻量级而且有效的元宇宙运营思路，它能够将现在的互联网优点与未来的区块链方向结合起来。

法律风险

在设计一个元宇宙时,因为涉及区块链的接入,所以不可避免地会面临一部分法律风险。

区块链作为一种分布式系统,一种算法技术的创新应用,只要不涉及伦理问题和道德风险,本不存在国家监管与法律规则问题,正所谓"技术无罪"。

但基于区块链技术发展起来的以比特币为代表的加密货币,在其发展过程中,对各国的法定货币和现有法律规则发起了多重挑战,也引发了诸多社会问题和财产风险纠纷。为此,各国都不得不慎重评估区块链技术应用可能存在的风险与问题,并思考应对之策。

尽管各国对区块链技术的态度基本呈现热情拥抱的态势,但仍然要注意,区块链技术在应用过程中依然存在着法律风险,自身规则也会与社会规则、法律规则发生一定的冲突与矛盾。

 Coin 的法律风险

最终的元宇宙一定会有自己的稳定货币(Coin),国家对货币具有主权要求,而具有去中心化等区块链特征的加密货币是否应该纳入国家监管体系,以及如何纳入国家监管体系需要慎重讨论,一棍子打死的政策最后的结果很可能是无法管制加密货币,反而会让加密货币进入灰色市场,最终被其他主权国家获得加密货币价格的主导控制权。

✦ Token 的法律风险

Token（代币）代表元宇宙的数字资产，如果只是以功能性 Token 的形式在内部流动，这样应该是合法的；但如果元宇宙主体利用 Token 私募法定货币，同时主动将 Token 上到交易所，就有违法的风险。当然，交易 Token 资产在未来的元宇宙世界应该是非常普遍的，只是在短期内要注意法律风险。

✦ NFT 的法律风险

NFT（非同质化代币）是更加纯粹的"数字通证"，NFT 目前集中于知识产权领域，生产 NFT 资产并持有自己的 NFT 资产并不会损害普通大众或不特定人的利益。知识产权所有者对于自己的资产有完全控制权，也拥有利用区块链技术加工虚拟资产并持有的权利。另外还有一部分 NFT 属于原生数字 NFT，这一部分 NFT 资产因为与法定货币没有直接关联，也属于合法范畴，但一旦利用 NFT 进行资产欺诈，那就存在法律风险。

法律取决于一定的经济基础，也反映和服务于一定的经济基础，如今区块链新经济正蓬勃发展，法律必然会进行更新与重构，进而影响到区块链技术的进一步发展。

区块链可能存在的法律风险

 比特币
以太币
……

与主权国家
法定货币的关系平衡

 依托
区块链的
数字资产

短期内警惕利用
Token私募法定货币

 数字
通证

利用NFT进行
资产欺诈

小公司
有机会吗

当下元宇宙的设计，多是互联网大公司在定义什么是元宇宙，或者是区块链技术公司在"跑马圈地"，一些成熟游戏公司也试图掌控话语权，如 Meta、以太坊、Roblox……它们足够庞大，看起来在设计元宇宙时也更占据先机。

那么，元宇宙会给小公司机会吗？答案是肯定的。

从历史上看，新的东西往往产生于边缘地带或边缘公司，元宇宙的建设现在才刚刚开始，一切都还是未知数，中小公司也会有非常多的机会。

元宇宙不会完全属于现在的互联网巨头，元宇宙应该属于每个人。

现在能看到的比较粗浅的"元宇宙"，或者说大众媒体眼中的元宇宙，它们要么是大公司借助自己的硬件力量包装起来的 VR 世界，要么是互联网巨头将已有的游戏改头换面，但未来的元宇宙真的是这样的吗？大多数人只盯着已经成形的项目或者大公司，但风起于青萍之末，元宇宙带来的是一个全新时代，只怕没有那么容易猜到结局。一个伟大的元宇宙的形成，也许一个故事、一个钱包、一个插件、一套 NFT 图像、一个合约，都会成为它的爆炸奇点。

以太坊最开始只有 Vitalik Buterin 一个人，现在已经发展成世界第一公链。

OpenSea 团队虽然只有 37 个人，每天却处理着数亿美元的 NFT 交易事务。

Loot 只是多姆·霍夫曼发布的一个创意合约，却点爆了整个区块链世界。

MetaMask 只是一个钱包插件，但交易额已达 238 亿美元，用户人数达 90 万。

而《三体》只是一部科幻小说，却已经有团队试图将它设计成未来元宇宙。

……

所以,小公司是有机会的,元宇宙充满着创意和想象力,越是在"创意为王"的时代,个人的天赋越是强于组织化能力。只要具备创造力、想象力、开源力和执行力,那么,不管你的公司有多弱小,都会有机会去创造元宇宙。每一个拥有学习能力的小公司在元宇宙时代都将有更多的可能性,每一个有原创欲望的人也将有更多可能成为创世主。

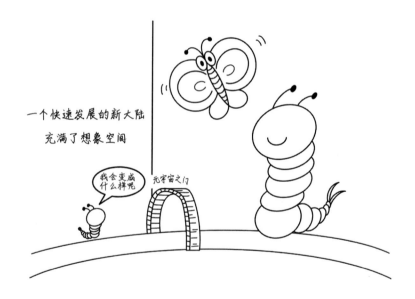

元宇宙的文化特质

通常人们会认为,在设计一个元宇宙时,技术是最关键的一环,它决定你是否有良好的沉浸感、游戏体验,以及能否真正融入一个新世界。

这句话正确,但又有一些不正确,技术是很重要的一环,但元宇宙不仅仅是技术的叠加。

与互联网追求技术极致不一样,元宇宙会更关注人文特征。

在互联网时代,技术代表一切,当你需要购买衣服时,只需要打开像淘宝这样的购物软件,就能搜索到成千上万件不同种类的衣服;当你想吃东西时,只要点开美团、饿了么这样的平台,下单后外卖就能送到家;当你需要付款时,只需要用微信/支付宝扫码,就能完成支付。

元宇宙在技术这方面也会做到极致,这与互联网产品专注体验性保持一致,但元宇宙的核心不是要解决生活中的问题,它更多是要满足人类在文化上、精神上的进阶需求,这是一种哲学需求。

这种独特的文化特质,体现在四个方面:未来感、科幻感、文明感、宏观感。

◆ 未来感

元宇宙是人类关于未来世界生活方式的综合想象，符合许多人心中对未来的期许，它是每个人想象中的未来世界，可以无限叠加。

◆ 科幻感

"元宇宙"的概念本身就具有强烈的科幻格调，这个词源于科幻小说《雪崩》，并时常可以在各类科幻作品中捕捉到它的身影。现在元宇宙已经成为一种独特的科幻现象，在《黑客帝国》《神经漫游者》《头号玩家》《失控玩家》等作品中都有元宇宙的影子。

亦幻亦真，
谁是幻？
何为真？

◆ 文明感

元宇宙可以视为人类文明的一次跃迁，它有机会颠覆人类的文明形态，让人类从半数人真正跃迁为数字人，从而进入数字文明时代。它的自进化也会让所有参与者能够感受到其独特的文明感，这种元宇宙的原始属性，恰恰是互联网所缺少的。

◆ 宏观感

很多人认为元宇宙会把人类禁闭在虚拟空间中"圈地自萌",但实际情况可能恰恰相反。元宇宙和原宇宙一样,它是没有边界的。元宇宙本身便带着一种"宏观感":元宇宙没有时间限制,也没有空间限制,它打造的是一个"无限时空";它的架构从底层到顶层,本身便是宏观的。在元宇宙中可以有无数个小宇宙,想象也是无限的,它追求开放和自由。

当元宇宙发展到一定阶段,文化特质和精神追求将是元宇宙的核心追求,"去中心化""开源""自由""DAO 自治"等全新的世界观和价值观,会成为元宇宙追逐的重点。

文化特质的重要程度将会超过对技术的追求,这是元宇宙与互联网最大的不同。

元宇宙的设计要素

元宇宙没有基本范式,《图说元宇宙》里谈到了元宇宙的"十一维框架",这个框架是一个历史视角的理想化模型。如果今天有一个产品经理要设计一个元宇宙,并且在短时间内推向市场,一定要考虑天时(元宇宙的初始时代)、地利(用户的文化背景)、人和(团队现在的运营能力和技术能力),利用好已有的生产资料,才可能设计出一个大众能够理解的元宇宙。

虽说设计元宇宙没有一个标准范式,但元宇宙天然有一些自己的特点,我们可以针对元宇宙的特点去进行设计。不过考虑到现实因素,它暂时无法与理想化的元宇宙模型完全一致,例如,我们在元宇宙的"十一维框架"中谈到"多重人格社交",但现在的技术不可能让一个数字身份在元宇宙里自由进化,所以基于现实的考虑,以下这些是目前阶段设计元宇宙要考虑的核心要素。

◆ 价值观

首先一定要给元宇宙设定一套完整的价值观。

价值观是一个新世界的哲学理念,构建一套完整的价值体系才能承载元宇宙居民的精神信仰。拥有正确的价值观,才能吸引更多人加入元宇宙,让元宇宙成为自己灵魂的栖息地。与现实世界不太一样,元宇宙的基本价值观包括但不限于以下内容。

- 开源:元宇宙必须是开源的,它需要更多人参与创造。
- 自由:元宇宙的每个个体都有权利追求自由。
- 去中心化:这是区块链的核心价值,也是元宇宙的核心追求。
- 共识:元宇宙是一个分布式自治社会,共识无疑至关重要。
- 价值共享:共同创造财富,共同享有价值。

◆ 世界设定

元宇宙起源于科幻圈,天然带有文化张力。

除了基本的价值观,同时也要构建一个能竞争、可拓展、有故事的世界。元宇宙是现实世界的映射,又带着天然的游戏特征,这与专注于改善人类生活的互联网不一样,它需要在精神上给用户更形而上的提升。

元宇宙的初始世界框架是什么样的,需要给出明确设定。

《指环王》的世界,是由霍比特人、精灵、人类等一同构成的中土魔幻世界。

《三体》的世界,是在黑暗森林下形成的猜疑链式的科幻世界。

《基地》的世界,是一个人类向外扩张后构成的银河帝国。

……

当元宇宙还没有形成一个大家都认可的设定之前,每一个被设计出的元宇宙都要有自己的世界构架。文明、种族、地理空间、历史时间、文化语言各个层面都要仔细考虑。

元宇宙世界的设定要宏大且多元化，要具备进化感、文明感、细节性等诸多要素，这样才能在基础框架上无限延伸。

完成了元宇宙的世界设定，才算是完成元宇宙的基本文化建设。

◆ 超现实治理

人类现实世界，已经有了非常明确的文明治理方式。

元宇宙是一个超越现实的世界，它的治理方式应该是源于现实，但又超越现实的，这种超现实治理需要注意以下几点。

- 去中心化：元宇宙是去中心化的，每个人都有发声和决策的机会。

- 代码即法律：公共治理透明化，通过智能合约自动执行。
- 共算主义：每个人都有获得算力的权利，但也有贡献算力的义务。
- 数据私有：数据不可被侵犯，一旦产生，就不会被篡改。

……

基于超现实治理的分布式自治，是嵌于元宇宙内核的一颗宝石。

数字身份

在元宇宙的世界里，每个人都会有唯一一个数字身份。这一数字身份承载着你在元宇宙中的名字、种族、等级等一切信息。

这个身份一开始与现实有关，但最终的目标是与现实世界的身份无关，它是完全独立存在的。

所以，设计元宇宙时要给数字身份留下一个未来接口。

每个人都可以利用数字身份在元宇宙里工作、学习、游玩、积累财富。

一开始的数字身份可能是"中心化的",但最终这一数字身份是可以自由迁移的,并且它会记录下你在元宇宙上的信息。你在元宇宙中创造出的价值,都依附于这个数字身份而存在。

每个人都需要完成个人身份的设定,你可以是钢铁侠,可以是迪士尼公主,可以是李白,甚至可以是一个全新的人物。

数字身份不再是由某权力机构赋予,而是自己给自己赋权,成为个人在元宇宙中的标识,借助这一数字身份,每个人都可以开展自己的第二人生。

✦ 经济体系

很多互联网游戏中也存在"经济系统"这一说法,不同的是,传统游戏中的"经济系统"是非透明的、中心化的,经济体系被游戏公司掌控,只是一个服务于游戏的交易模块。

而元宇宙的"经济体系"最终是透明的、去中心化的,用户获得的虚拟资产可以脱离平台束缚而自由流通,所以元宇宙的经济体系必然需要引入区块链的分布式技术。在现有阶段,设计元宇宙的经济体系可以分四步走。

- 保留互联网产品运行模式,将价值信息保存在安全的中心化数据库内,定期备份。
- 将价值信息映射到区块链上,借助公链合约镜像一个区块链经济体系。
- 将区块链的智能合约接入互联网价值信息端口,直接进行交互。
- 将互联网体系总体过渡到区块链体系,从中心化过渡到去中心化,实现完全迁移。

元宇宙最终的经济体系,是平台与平台之间可以互通互联,保证资产的归属和价值可以在元宇宙中得到无边界的广泛确认。分布式的经济体系,是支撑元宇宙运转的轴承。

◆ 开源创造

只有依托开源创造,元宇宙才能成为一个包罗万象的世界。

以沙盒游戏《我的世界》为例,其开发团队通过开放"模组"的方式,让玩家有了参与游戏创造的可能。

元宇宙作为一个依托于想象力的世界,谁拥有创意,谁拥有内容,谁就拥有更多创造的可能性。

开源创造是元宇宙持续更新的基本动力,创意的涌现需要所有参与者的互动,平台不能反客为主。

在元宇宙中,一个文明的设定,一个种族的设定,一个世界的设定,一个基地的设定,都应该是开源的,元宇宙的未来走向也是由每一个参与者共同决定的。

◆ 社交系统

人类天生是社会性动物,在现实世界里,社交属性是人类得以发展和进步的重要因素。

作为与现实世界相互融合的元宇宙,社交系统也必不可少。只有在社交系统下,人的数字身份才有意义;只有依靠社交系统带来的聚集性,元宇宙才能够实现互通互联,资产的流通才有意义。

元宇宙的社交系统并非与现实世界分离,元宇宙初期的社交系统需要和现实世界相融。

构建元宇宙的社交系统,需要打破线上与线下的隔阂与桎梏,形成一个现实世界与虚拟世界相互衔接的世界。

所以，基于社交系统形成的线上＋线下模式，是元宇宙初期的重要模式。

◆ 策略玩法

在元宇宙中，游戏即劳动。

元宇宙不应该是一个超级大的应用商店，也不一定完全是个游戏连游戏、游戏套游戏的超大型游戏，它的所有交互都应是有策略的，策略博弈在元宇宙中应该占有一席之地。

我们常常把《头号玩家》中的"绿洲"视为未来元宇宙的原型，在《头号玩家》中，人们为了争夺"绿洲"，需要抢夺三把钥匙，这本身就是一种游戏化的表现。

元宇宙虽然与传统游戏有些许不同，但很多方面仍保留着游戏的特性。

游戏中的升级、博弈都能激发人的创造力,这种创造可能是创造更多内容,也可能是依靠想象力去提升自我,无论是哪一种,都会在一定程度上推动元宇宙的发展。

同时,策略玩法也是吸引更多用户加入的最好方式。

◆ 通证和 NFT

通证是元宇宙的价值锚定,NFT 则是元宇宙的重要资产形态和基础设施。

在元宇宙中,通证的存在能让更多内容创造者有开源创造的动力,通过工作可以获取元宇宙的通证,从而获得元宇宙的治理权。

通证是区块链的灵魂,它是一种数字权益证明,也是一种激励机制,而 NFT 的出现,恰好实现了虚拟物品的资产化。它能够映射虚拟物品,成为虚拟物品的交易实体,从而使虚拟物品资产化;可以把任意的数据内容通过链接进行链上映射,使 NFT 成为数据内容的资产性"实体",

从而实现数据内容的价值流转。

数字原生的 NFT 更有价值,他与物理世界中的原子实物一样,能够保证数字世界物品的稀缺性,完全镜像了物理世界的规律。

通证和 NFT 的植入,可以使元宇宙的经济体系更加牢固。

✦ XR 世界接入

讲完以上九点后,我们可以设计元宇宙的最后一环,也是大众最关注的一环:沉浸感。

沉浸感是创建元宇宙必不可少的重要一环,元宇宙的沉浸感实现主要依托于 AR、VR、MR 等技术来实现。AR、VR、MR 技术统称为 XR 技术。AR 在保留现实世界的基础上叠加了一层虚拟信息;VR 能够提供沉浸式体验,MR 通过向视网膜投射光场,实现虚拟与真实之间的部分保留与自由切换。

通过 XR 技术,用户可以在虚拟世界中获得与现实世界无异的真实体验。

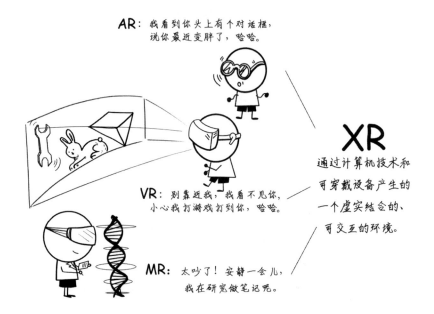

就目前而言,XR 技术在近年来发展迅速,但其仍存在一些问题,比如佩戴不方便、价格昂贵及无法做到低延迟等情况,想要获得真正意义上的元宇宙"沉浸感",可能还需要等很长一段时间。

不过,技术进步是时代的必然,未来 XR 技术会自然地融入元宇宙中,成为像手机一样的存在。所以,我们在设计元宇宙时,要给 XR 留下硬件接口,提前将元宇宙的内容三维化和 VR 化,使得元宇宙内容可以借助新技术体系随时转化为沉浸式体验,这样,当技术奇点真正到来时,就能够迅速完成富有沉浸感的虚实转换。

同时,也可以利用当下已有的 XR 技术,让用户先行体验元宇宙的一部分沉浸式内容。

5

2140,
一个元宇宙"样本"

Metaverse

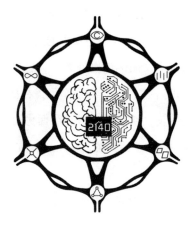

《图说元宇宙》中所提到的元宇宙的"十一维框架",是一种纯理论的构想。回归现实,若创建一个元宇宙,则需要设计者在产品架构、内容设定、技术开发、资金投入等各方面都有所准备,因为元宇宙的理想过于宏大,很难用一个项目完美呈现。

在提前布局元宇宙的项目中,2140 是一个参考样本。

什么是 2140?

2140 是一颗"元宇宙种子",一个"去中心化治理"的价值共享平台,也是一个充满想象力的科幻社区。它将设定元宇宙的基本价值观,构造数字文明的创世框架,共建未来世界的社会体系,体验去中心化的共识治理。在 2140 这个创世社区中,宏观层面你可以和种族一起演绎元宇宙文明进化,微观层面你可以创造另一个自己,开启第二数字人生。2140 坚持开源、共识、去中心化的理念,最终建立一个元宇宙"根世界"。

2140 具有以下几点特质。

- 区块链与互联网结合。

- 中心化与去中心化结合。
- 开源社区和策略玩法结合。
- 自带科幻感、未来感。

2140 的自我定位是"元宇宙的一颗小'种子',数字文明溯源的'根世界'"。

它的邀请函上写着四大目标:创造自己的数字人生,构架元宇宙之根世界,寻找 21 把创世私钥,共建区块链文明城邦。

关于 2140 的详细介绍如下。

价值观

◆ 2140 的内涵

首先,这个项目为什么叫 2140?

2009 年 1 月 3 日,中本聪从下午忙到黄昏,在一个服务器上创建、编译、打包了第一份开源代码。第一个区块(Block)被创建,这天被称为"创世日",因而这个 0000 号区块被称为"创世块"。

在设定中,131 年后,即 2140 年,最后一个区块 6 929 999 号区块将会被计算出来,那时比特币总数将恒定维持在 209 999 999 769。此时的世界,将是"算力即权力"的世界。

这就是"2140"的来源,你可以将这个数字视为时间定位,也可以看成空间之锚。它天生带有未来感、科幻感及区块刻度。

从项目的名字来看,2140 带有区块链基因特质。

◆ 2140 的价值观

2140 遵从的基本价值观为开源、共识、自由、先行。开源是方法,共识是理念,自由是追求,先行是姿态。

- 开源:开源是 2140 价值观的主格调。2140 希望通过开源的方式,让所有人参与到 2140 元宇宙的创造中来,以共享 2140 元宇宙的价值。在开源这一价值观基调下,结合透明、开放、公开等要素,形成一种所有人共建元宇宙的氛围,促进想象力的涌现。开源是 2140 的价值共识，也是 2140 的第一推动力。

- 共识：共识即得到多数人的认同。2140 以"共识"为价值理念，通过聚集更多人的智慧，共同构建元宇宙雏形，创建一个全新的文明。2140 拥有庞大的世界观和丰富的故事背景，通过"共识"可以完善整个世界的架构，不断扩展 2140 元宇宙的边界。

- 自由：自由是 2140 的价值追求，也是 2140 的灵魂所在。2140 是一个开放且自由的世界，在这个世界里，你可以自由地选择你的发展方向，每一个人都是自由的个体。没有规则要求你在 2140 中必须做某件事情，也没有哪一条规定要求你不能做某件事情。2140 追求并信仰自由，并以自由创造为第一要义。每个人都可以在 2140 中自由地选择自己的数字人生，自由地选择自己在元宇宙中的发展方向。

- 先行：先行是 2140 的价值姿态。2140 所做的一切，都是创造性和实验性的。实际上，元宇宙的建立本身就带着"先行"的色彩。在 2140 中，无论是构建区块链文明，还是再造一个新世界，本质上都是以"先行者"的姿态进行。创造者没有可以参考的目标，而是在摸索中创建一个元宇宙的样本。

开源、共识、自由、先行，这不仅是 2140 元宇宙的价值观，同时也是 2140 所有个体的共同追求。

世界设定

很多产品之所以被认为是"元宇宙",是因为它有宏大的世界观,如电影《指环王》的世界设定,开启了一个魔幻世界的纪元,创造了"霍比特人""半兽人""精灵"这样的全新人种,构建了一个背景庞大、设定丰富的世界;《头号玩家》的设定则是玩家要在浩渺无际的宇宙找到创世者的三把钥匙,以重启世界。

有些元宇宙产品尽管最开始没有考虑到世界设定,如以太坊的目的是打造一台世界计算机,但它的子项目里有非常多的"世界设定"。

同样,2140也有着庞大、严谨而又具有想象力的世界设定。

它的设定基于宇宙大爆炸和热力学第二定律,贯穿宇宙138亿年的历史,连接九大文明和六大种族,展现出一个极具想象力的未来世界。诸多设定细节让所有人都可以参与这个世界的创建,感受个体与整体的进化。每个人都可以代入自己的角色,在这个"元宇宙"里创造自己的第二人生。

✦ 138亿年宇宙历史

现代科学普遍接受"宇宙大爆炸"理论:138亿年前,宇宙由一个体积无限小、密度无限大的奇点爆炸后膨胀形成。随着哈勃红移和宇宙微波背景辐射的发现,宇宙大爆炸理论也有了坚实的实验数据支持。在此基础上,2140设定了"创世时间表"。

2140的起点是宇宙诞生的奇点爆炸,并在宇宙创世纪中缓缓呈现。

万物在百亿年时间内彼此对抗,在无尽的熵增命运中挣扎,由宏观文明向微观文明持续演进,构建起一条庞大且没有尽头的时间线。

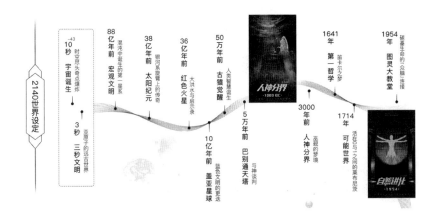

2140 的故事在 138 亿年的宇宙历史长河中慢慢铺开。

每一个时间节点,背后都有恢弘的故事;每一段故事,都有清晰而完整的细节设定。

2140 并非基于幻想,它本身就取材于现实世界,2140 的时间线与现实世界的时间线并非完全分离,而是相互交叉,这是一个虚实共生的世界,你可以在 2140 的时间线中找到现实世界的宇宙进化方向,但它也有自己的演进走向。

2140 定下了元宇宙世界的一个主基调,其中的诸多细节允许所有参与者进行再创造。真实世界 138 亿年的宇宙史,为 2140 提供了一个宏大的、开放的背景架构。

✦ 九大文明

在 2140 的世界设定中，138 亿年的宇宙时空中曾经存在着九大文明，从低等文明到高级文明，从宏观文明到微观文明，这九大文明逐层递进。这九大文明是 138 亿年宇宙往事的见证者，也是 138 亿年宇宙历史的缔造者；它们是茫茫宇宙中的探险者，也是对抗宇宙熵增命运的反抗军。

在 2140 的世界中，九大文明详情如下。

（1）一级文明：春蚕文明

春蚕文明是宇宙中具有生命形态的低等文明，没有思想与意识，无法思考，很难突破二维束缚。它像是上帝造物时为了丰富宇宙而随手创造出来的，生若蝼蚁，命若草芥。它无法探索到生存危机，只能依靠本能去应对灾难。

如果说春蚕文明的存在还有意义，那只有一个，即揭示 2140 这个宇宙文明的深层法则：存在即奉献——春蚕到死丝方尽，蜡炬成灰泪始干。

（2）二级文明：地球文明

地球文明是宇宙中为数不多的单点式文明，拥有极其稀缺的量子大脑，潜能无限，算力极强，但只有少数人类意识到了这种能力，并利用这种能力创造了"图灵梦境"。

地球文明初具智能文明特征，开始反思自我，发展至今已点亮一系列科技树。

地球文明的发展具有不确定性，既会有爆发式的幂指数增长能力，也会陷入停滞，甚至会出现文明倒退。地球文明对于宇宙的探索仍属于起步阶段，直到克莱因船飞出地球后才有所改变。在宇宙纪元的最后时期，地球文明也迈入了高等文明的行列，发现"文明即蚕"的秘密，与量子文明进行最后的较量。

（3）三级文明：火星文明

火星文明是宇宙中分布式文明的代表，它已经初步碰到了高等文明的门槛。火星文明经历了六次文明的更迭和进化，幸运的是其文明得以保存。

每一次文明的更迭和进化，都让火星文明朝着更高等级的文明形态演进。但在第六次进化中因触动"负熵诅咒"而遭到彻底毁灭。

在毁灭之际，火星文明将"一个大脑"藏于四维空间，然后被地球文明发现。

（4）四级文明：六域文明

六域文明分别为海洋文明、时间文明、六体文明、爬虫文明、元素文明、死亡文明。

六域文明各有特点，皆属于高等文明。六域文明科技发达，都拥有星际探险的能力。它们曾经都处在接入"宇宙丝绸之路"的支线上，但由于目睹了"宇宙丝绸之路"的"清理"工作，发现有危险存在，最终没有选择接入。尽管如此，六域文明最后都因"负熵诅咒"而被直接清理，遗迹被地球文明的克莱因船发现。

（5）五级文明：虫洞文明

虫洞文明是现存"宇宙丝绸之路"的唯一管理者，本身属于宏观文明，但与其他宏观文明不同，虫洞文明具有量子化和无视时空等微观特点，这与量子文明有相似之处。

正因如此，虫洞文明在曾经的"宇宙丝绸之路"的"清理"中幸存，并成为"宇宙丝绸之路"的管理者。

（6）六级文明：节点文明

节点文明是"宇宙丝绸之路"计划的发起者，它是分布式文明的杰出代表，也是宇宙中最伟大的文明之一。

因其自身文明形态特点，节点文明最早提出建设"宇宙丝绸之路"，建立起开放、开源、透明、公开的 API 接口，以去中心化的方式重构宇宙文明图景，让所有文明都能够加入这一计划，让更多的智慧文明能够以和平、共享、同利的方式，实现文明的整体进化。

宇宙丝绸之路建成后，节点文明被推举为"51% 管理者"，但被节点文明拒绝，理由是"拒绝扮演任何'上帝'角色"。

宇宙丝绸之路得到智慧文明广泛认同，在各个文明的共同建设下，绵延百万个星系，宇宙丝绸之路成为"进化引擎"。

但当量子文明发起"春蚕+"计划后，节点文明成为第一个在宇宙丝绸之路中被清理的文明。

（7）七级文明：三秒文明

三秒文明是已知宇宙中最古老的文明，伴随宇宙大爆炸诞生，属于原生态的微观文明，其形态为量子态，并不了解宏观文明世界的运行规则。

后来量子文明发起"果壳战争"，将"三秒文明"禁锢在夸克之中，即夸克禁闭，使其无法与外界取得联系，自身的发展也被锁死，成为强核力监狱里的文明。

三秒文明后被人类从夸克禁闭中解救出来，逐渐走上了寻找宇宙终极定律的漫漫长路。

（8）八级文明：泰坦文明

泰坦文明是宇宙大爆炸 50 亿年之后，和量子文明同时代成长起来的超宏观文明，也是独立于宇宙丝绸之路的强大文明，是极少数没有被"大过滤器"毁灭的文明。

最先意识到宇宙必然走向寂灭的命运之后，泰坦文明希望找到解救之道，一直试图向宇宙更深处探索。

泰坦文明只在最古老的宇宙文献里被提到过，但没有任何文明知道它的位置。泰坦文明属于非常先进的文明，以行星为原子，构建自己的宏观世界，它不受"负熵诅咒"的影响，但它对宇宙战争毫无兴趣，它存在的意义，就是找到对抗"熵+"（熵增）的方法。

（9）九级文明：量子文明

量子文明是宇宙大爆炸 50 亿年之后发展起来的超级文明，它曾经属于宏观文明。在进化的过程中，发现宏观进化越发达，生存概率越低，所以通过反向进化的方式，由宏观文明转变为微观文明。

它赢得了与原生态微观文明"三秒文明"的果壳战争，成为宇宙文明的顶级存在。

量子文明意识到无解的"熵+"定律后，在宇宙中开启了"春蚕+"计划，希望积蓄算力计算出"爱因斯坦罗森桥之路"，跳出现在的宇宙。

 六大种族

在元宇宙的世界设定里，种族非常重要。对于用户来说，选定一个种族，能够在"元宇宙"里找到一种身份认同感。

在元宇宙中设定种族时，以下几点非常重要。

- 种族的设定本身要有逻辑性，让大家认可并且耳目一新。
- 种族之间要有合作也有竞争，追求动态平衡，能够"相生相克"。
- 种族要和世界设定紧密结合，不能彼此矛盾。
- 种族故事要有强大的延展性，让用户能参与到种族荣耀的建设中。

2140 设定的六大种族分别为人族、神族、AI 族、熵族、晓族、零族。

这六个种族的设定具有科幻感和未来感，尽可能地囊括了宇宙的所有生命形态。

在《2140》小说中，种族与种族之间的故事纷繁复杂，既相互对抗，又命运相连。它们依附在 2140 的世界框架下，相爱相杀，对抗共生。就像西方魔幻故事中的战士、巫师、精灵、矮人、兽人一般，2140 中的六大种族共同构建出了独特的种族体系，形成极具科幻色彩的多维空间。

人族

人族是稳定态的碳基生命体，是盖亚蓝星上的智慧种族。人族的大脑呈量子态，拥有极强大的算力潜质，并拥有独立梦境，梦境中潜藏无数信息，有极强的自我意识和情感交互能力，也是理性与感性的叠加态。人类是实体化生命，无法直接接入数据网络，人类的诞生是宇宙的奇迹。

神族

神族即监控宇宙的量子文明，反因果、反定域、反实在，可非线性化地创造历史。神族控制熵值公式，通过反向进化和发动"果壳战争"成为宇宙主宰。此后，神成为真正意义上的量子态生命，它不可捉摸，却又无处不在。

AI族

AI族是"算力至上"的数据流生命。生于数据，长于算法，算力即权力，算力即希望。AI族以算法和逻辑推演为基本生命状态，不会自然死亡，没有强烈的个人情绪，以理性看待世界。AI族追求最优解，不会在无意义的事情上耗费时间，死循环算法这样的东西皆会被直接抛弃。

熵族

熵族是双拟态生命，是人与AI的结合体，拥有人的情感，也如AI一般永生。熵天生具有矛盾性，在其他种族看来，熵族的非稳定性是不正常的，因此都不愿意接受这个种族。其存在类似东方志怪故事中的狐妖，或古希腊神话里的半人马。

105

晓族

晓

晓，寓意拂晓，是光明的化身。这是一个数量极其稀少的种族，也是一个孤标傲世的种族。晓族是顶级智慧的数据映射，拥有睥睨寰宇的资本，被视为"先知"和"预言者"，他们踩着巨人之肩，又化身巨人，甘愿作文明最后的殉道者，也是伟大而不自知的守护者。

零族

零

零族是一种独居生命体，最初由大量被遗弃的数据进化而成，是一种"Bug生命"。与其他族群不同，零族最喜欢的是混乱，他们被称为隐匿于世的杀手，是混沌中永恒的错误。世人眼中的零族是病毒、是恶魔，零族却自视这才是万物本质。他们不被其他种族所理解，一直都是孤独的。

种族越多，元宇宙能够延展的空间就越大，会自然而然形成一个又一个独立的世界，并且各自发展出属于自己的文化和精神图腾。以魔幻小说《魔戒》为例，各个种族的特性是完全不同的，他们各自形成了自己的部落，并驻扎在自己生存的领域内，演变出完全不同的文化、语言，这本质上与人类的分化和演变并没有什么不同。在真实的历史中，人类也分化成不同的部族，并且在不同区域生存、发展，形成自己的语言和文化习惯，最终构建出一个参差的世界。元宇宙中的这些种类繁多的种族，会以各种方式会聚到一起，构成一个又一个相互关联的故事，完成幻想世界的叙事连接，形成完整的创世图景。

超现实治理

超现实治理，是指在现实治理的基础上，进行更有前瞻性的治理方式的探索。元宇宙属于超现实世界，在这个超现实世界中，有很多特质是现实世界所没有的，因此需要超现实的治理方式。

我们所要创造的元宇宙，核心诉求一定是去中心化。现实世界因为过于中心化，随之产生的特权、垄断、专制成为人性之恶的温床，因此，2140 的治理原则就是"去中心化"，要求创始团队尽可能远离管理中心。

只有在去中心化的组织架构下，元宇宙才有机会完成互联网没能完成的历史使命——真正互通、没有垄断、权益共享。

这并不是说所有"去中心化"都是好的，一个好的系统可以完美平衡中心化与去中心化，就像我们的宇宙，可能每个星球都觉得自己处于世界的中心，但实际上它可能只是其他星球的伴星。

2140 的超现实治理方式主要由两部分组成：议事厅和 21 把创世私钥。

在 2140 中，每个人都可以在"议事厅"中竞选职位，以实现去中心化的社会治理。

议事厅是2140的审核管理机构,也是对2140中各类内容的审核场所,它基于"居民高度自治"的理念而建立,是2140分布式自治管理的体现。

每位用户既是内容的提供者、世界的建设者,也是规则的审核者。在议事厅中,每个人都可以通过竞选成为管理者。一旦成为议事厅管理者的一员,就拥有审核各类提案的权力,如评论审核、广场演说、捐赠审核、题目审核、基地设定、续写审核、职位竞选……管理者可以通过投票决定提案的通过与否,以保证2140的内容质量,维持2140的稳定。

议事厅共设有六大等级职位,职位越高,审核权力越大,需要承担的管理责任也越多。同时,为了避免管理者尸位素餐,议事厅每隔一个周期会下调管理者的职位等级,管理者需要重新竞选才能回到原有职位上。

除此之外,2140还内置了21把创世私钥,代表2140的21个重要节点。每个人都可以凭借在2140内的贡献争夺21把创世私钥,引导元宇宙建设。拥有创世私钥者,即代表拥有2140的最高管理权限。

创世私钥由四个维度组成:权力指数、创世指数、荣誉指数、投资指数。用户需要分别在"议事厅""元宇宙""等级体系""幻次元"中通过做出贡献,完成四个维度的指标,才能拿到创世私钥。只要拿到一个创世私钥,就可以成为2140的创世主。

申请职位

 Lv.11微 高果壳 | 职位 **执事** | 任职截止时间 2021-11-29

组织结构

一级管理员（P1） 　　　　　　　权力指数：1　直升
 城管
100人»

二级管理员（P2） 　　　　　　　权力指数：3　直升
竞选
 议员
62人»
 名誉议员
0人»

三级管理员（P3） 　　　　　　　权力指数：9　直升
竞选
 执事
40人»
 名誉执事
0人»

四级管理员（P4） 　　　　　　　权力指数：27　直升
竞选
 常委
7人»
 名誉常委
0人»

五级管理员（P5） 　　　　　　　权力指数：81　直升
竞选
 长老
20人»
名誉长老
0人»

六级管理员（P6） 　　　　　　　权力指数：100　直升
竞选
 族长
6人»
 名誉族长
7人»

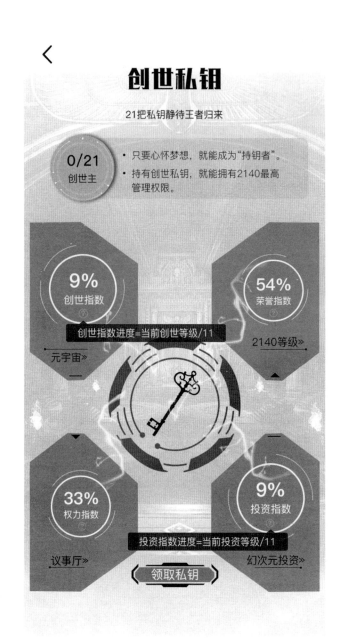

在"议事厅"中，你可以通过竞选成为职位最高的"族长"，但成为族长的前提是你对2140要有卓越的治理贡献，才可以被其他用户认可。

在"元宇宙"中，你需要在"创世指数"的维度达到十一级，才能成为创世者，这要求你在种族文明进化中有突出的贡献。

在2140等级中，你想要在"荣誉指数"维度达到十一级，这需要你积累足够的TOFZ（2140中的一种权益证明），代表你在2140有足够的价值。

在"幻次元投资"中，你在"投资指数"维度达到十一级，可以成为幻次元中投资领域的"散金人"，这需要你不断在幻次元领域耕耘，挖掘优质文章。

2140通过议事厅和21把创世私钥的方式，形成了一种"弱中心＋去中心"的治理模式。

在未来，通过去中心化的自治，2140最终会形成以区块链为核心的DAO分布式文明架构，即在没有集中控制或没有第三方干预的情况下自主运行的组织治理方式，保证2140元宇宙充分开放、自主交互，不受现实世界的空间限制，所有用户由同一个目标所驱动。

数字身份

在 2140 这一元宇宙样本中,每个人都拥有独属于自己的数字 ID。

在《头号玩家》这部电影中,我们可以直接体会到数字身份的神奇之处。主角韦德·沃兹在现实世界里不过是一个生活在贫民区的普通男孩,但在"绿洲"中,他却拥有了另一个与现实世界完全不同的数字身份,在这一数字身份的加持下,他成了"帕西法尔",是人们心目中的超级英雄;他的伙伴艾奇——一个身材高大的男机械师,在现实世界里却是一个女孩。每个人都希望能在虚拟世界中完成现实世界里无法完成的事情,数字身份的出现使这种补偿的想法有了实现可能,它完全与现实世界无关,每个人都可以利用这个数字身份,完成全新的自我创造。

你在 2140 中的数字身份不是由某个权力机构赋予的,而是借由"人即货币"这一理论生成,通过数字身份你可以设置自己在数字世界的价值观、元宇宙观、特殊性格等要素。

数字身份与现实世界中的名字一样,人们依靠这个名字/身份进行工作、学习、生活、社交。当然,元宇宙的数字身份会有一些不同于现实世界的特性。

- 安全性:数字身份所有者的身份信息不会被泄露,身份可以由身份持有者永久保存。
- 身份自主可控:用户可以自主管理身份,而非依赖第三方;身份所有者可以控制其身份数据的分享与加密。
- 身份可移植：身份所有者能够在他们需要的任何地方使用其身份数据，而不需要依赖特定的身份服务提供商。

基于数字身份，每个人都可以掌控自己的数据，而无须担心社交数据被垄断。

那么如何在元宇宙中生成一个数字身份？它的价值最终如何体现？

要想生成数字身份，在进入 2140 之初，你需要先进行图灵测试，系统将会为你推荐相应的种族。你可以选择成为人族、神族、AI 族、晓族、熵族、零族中的一员，从而开启你的 2140 人生。

完成种族选择后，每个人都可以在个人资料里查看自己的元 ID、元信息、注册时间，这些都是你在 2140 中的基本信息，根据这些信息会生成一个属于你的数字 ID。用户最重要的信息，如用户的 TOFZ 将会被录入自己的数字身份里。利用这一数字身份，用户未来可以在 2140 元宇宙发行自己的权益证明（基于"人即货币"理论），实现价值流转。

在更远的将来，这种基于数字身份的个人权益可以在整个区块链网络上被认可。你在 2140 的所有活动，都将基于你的数字身份进行；你在元宇宙中的一生，也将通过这一数字身份记录在代码中。借由这一数字身份，你会在这个全新的世界中成为一个独特的、数字化的你。

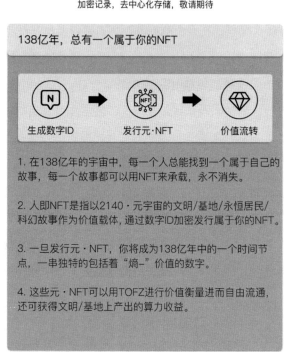

经济体系

在现阶段,追求完全的去中心化是不现实的,去中心化在带来开放和自由的同时,也会带来不确定性。所以,设计一个元宇宙,不能只考虑理想中的去中心化。

在构建元宇宙的经济体系时,要考虑两方面的要素,一方面是互联网的"中心化"经济体系,另一方面是区块链的"去中心化"经济体系,保留互联网产品运行模式,在中心化的基础上,将价值映射到区块链上,完成去中心化经济体系的建立。

由于目前区块链去中心化经济体系尚不健全,负责任的项目方更希望暂时将项目金融价值限制在互联网体系里面,形成可控的中心化商业闭环,在未来法律明朗的情况下再将金融价值释放到区块链体系,形成最终的价值流转。

2140 也是综合考虑中心化和去中心化的理念来构建经济体系的。

◈ 中心化经济体系(互联网)

在 2140 中,有一套传统的互联网产品运行模式,体现在生活、投资等方面。

N 生活是 2140 的商城,会不定期上架与 2140 相关的产品,如 2140 拼图、2140 定制 T 恤、2140 手机壳等。

当你在 N 生活下单后,产品就会邮寄到你手中。

你可以通过花费 TOFZ 的方式(关于 TOFZ,会在下文进行阐述),

完成 N 生活产品的消费。

实际上，N 生活这种货币与产品的交易形式，沿用的是互联网模式，它的数据和信息现阶段依旧是保存在中心化的数据库中。

投资是幻次元中的另一个交易模块，2140 中有一个模块玩法，所有发布在幻次元的文章，都有机会获得投资。

读者可以使用 TOFZ 对文章进行投资，以此来提升文章价值并分享文章的版权收益。作者可获得投资人的 TOFZ，创作出更加优质的文章。

读者通过"基石启动""申请投资"的方式，可以完成对一篇文章的投资，作者和读者都可以得到相应的回报。

依托于投资而实现的 TOFZ 流转，本身就是基于中心化运转而实现的。

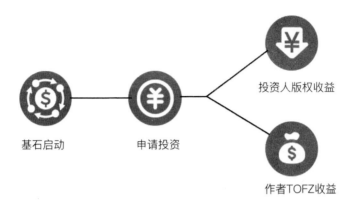

不管是 N 生活中的交易信息,还是投资后所获得的收益信息,都保存在中心化的数据库内,并定期备份。这样做的好处是在此阶段能够保证价值信息的安全,保证元宇宙内部经济的稳定性和确定性。

◆ 去中心化经济体系(区块链)

(1)同质化通证的全球流通

2140 还隐藏着一个去中心化的经济体系,也就是区块链的经济体系。

TOFZ 是 2140 的英文首字母缩写,在中心化的互联网上它只是一串字母,但在去中心化的区块链上它就是一种数字权益证明。

在 2140 中,每个人都可以通过"任务→算力→TOFZ"的方式来获得权益证明。

你需要先通过做任务的方式来获取算力,把算力投入算力池中,便可以获得 TOFZ。

算力池是 2140 的通证铸造场所,也是 TOFZ 的唯一产地。所有人都可以通过算力池投入算力,最终算力池会根据种族的排名及个人投入算力的排名进行 TOFZ 结算,所有参与者将共享每一轮产出的 TOFZ。

你为 2140 贡献的劳动越多,算力奖励就越多,能够获得的 TOFZ 收益也就越多。

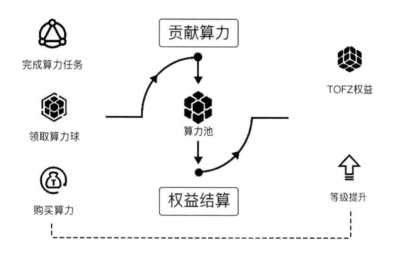

TOFZ 可以衡量每一个用户贡献的创新力的价值,也将成为未来交易双方在去中心化环境中的信任凭证。同时它也与 2140 的治理权限相关,一个人拥有的 TOFZ 越多,在 2140 中的等级也就越高,拥有的治理权限也就越高。

通过积攒 TOFZ,每个人都可以更好地参与 2140 元宇宙的建设和治理。

未来一旦完成从互联网到区块链的映射,那时的 TOFZ 就能成为通证,可以在全世界流通。

（2）非同质化通证的未来价值

NFT 本质上是对虚拟物品的映射,成为虚拟物品的交易实体,从而使虚拟物品资产化。

NFT 虚拟资产可以脱离元宇宙进行交易，在 2140 中，部分虚拟资产将以 NFT 的形式呈现。所有人都可以通过在 2140 中做出贡献和参与创建元宇宙来获得 NFT，NFT 的获取主要有以下三种方式。

- 方式一：2140 中设有 21 把创世私钥，所有人都可以尝试获取这 21 把创世私钥，获得最高管理权限。同时，创世私钥会映射为 NFT，当你在四个维度都达成 100% 成就时，你便可以获得独一无二的创世私钥 NFT，如先知之钥、自由之钥、悲悯之钥、智慧之钥等。
- 方式二：在"元宇宙"的文明进化中，每一层文明的晋升，都会产生 21 枚文明戒指，这是属于文明探索者的荣耀。每层文明的文明戒指都会以 NFT 的形式呈现，当种族完成文明晋升时，种族贡献靠前的原住民将获得 NFT 文明戒指。
- 方式三：每一个支线文明的创建者，同样会获得一个专属于该文明的 NFT。每个人都可以通过创建文明的方式来获得 NFT。

（3）**系统化的智能合约**

在 2140 中，未来也将推出各种原生的数字 NFT，这些 NFT 是基于同一智能合约生成的系列数字产品，希望与世界设定形成系统化的智能合约 NFT，如果它承载的故事得到承认，它就会在整个元宇宙世界流通，从而形成以 2140 元宇宙为依托，同时又可以参与到其他区块链世界的开放性 NFT。

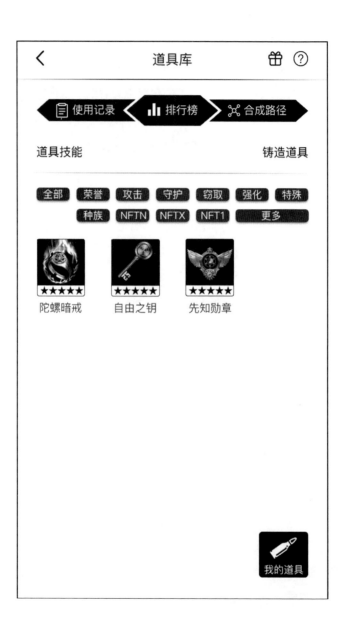

开源创造

✦ 幻次元：内容的开源创造

幻次元是 2140 的内容创造基石，在幻次元中，你可以清晰地看到 2140 的世界设定，了解 138 亿年宇宙往事、九大文明的纷争、六大种族的纠葛。

官方会在幻次元中进行《2140》官方小说的连载，每个人都可以阅读。《2140》共有八本，分别是《CSI 圣杯》《图灵梦境》《贰壹肆零》《负熵诅咒》《丝绸之路》《人类即蚕》《共算主义》《时空涨落》。通过这八本小说，你可以了解主创团队对 2140 的内容设定。

当然，官方只是对 2140 的世界进行基础设定，在 138 亿年的宇宙往事中，有无数想象空间可以让参与者进行自由创造。

幻次元中设有一条 138 亿年的宇宙时间线，这条时间线上有 60 余个时间节点，这些时间节点源自 2140 的世界设定，每一个节点都可以进行故事创造。你可以向 2140 联络员申请解锁某一个时间节点，从而成为该节点的创造者，然后进行故事连载，开创属于自己也属于 2140 的科幻世界。

例如，你可以解锁"人神分界"这一时间节点，书写你心中人与神的历史过往，阐述人神决裂的来龙去脉；你可以在"可能世界"这一时间，创造你心目中莱布尼茨的可能世界，重新定义计算即一切、算力即权力的世界；你可以在"天赋养成"这一时间节点想象未来基因改造的可能性，为人类开启一个全新的基因天赋时代……

你在时间轴上创造的故事，会成为 2140 中 138 亿年宇宙往事的一部分，成为整个 2140 世界设定、文明设定的一部分。

在 2140 中，除了可以接入 138 亿年的宇宙时间轴进行创作外，你也可以选择对任意已经在 2140 中发表的文章内容进行"续写"，既可以是官方发布的主线故事，也可以是其他用户创造的时间节点故事。你可以对这些已有的故事进行延伸，也可以就故事的设定重新创造一个新的故事。

通过大众参与主线的创造和支线的续写，可以形成幻次元的开源创作体系，在此基础上，可以构建 2140 的故事树。

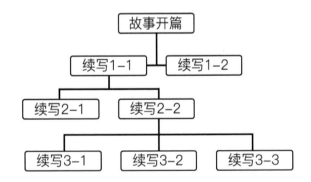

每一篇故事都可以衍生出千万种结局，所有续写的文章同根同源，最终可以成长为一棵茁壮的故事树。

基于故事树，主线的创作者拥有一项专属特权，通过"引用"功能，可从故事树的所有支线文章中选择一系列文章生成主线文章目录，这是创造一个优秀的科幻故事 IP 的关键。

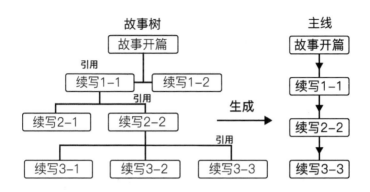

除了解锁时间节点和续写文章外,幻次元还有另外一种"开源"形式——投票。

在幻次元中,每篇文章均有支线作者设置的投票功能,读者通过为文章的选项投入算力,可以决定故事的剧情走向。哪个选项所获算力更多,哪个选项就为投票获胜方。

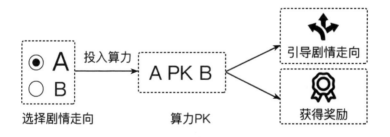

投票结束后,文章作者需要根据投票结果续写剧情。换句话说,你的选择可能会使故事从原先的剧情 A 走向剧情 B。

通过主线的开篇创作 + 支线的全民续写 + 读者的投票引导,所有人都可以参与到幻次元的开源创作中,通过中心化 + 去中心化的协作方式,我们可以共同构建一个宏大而完整的未来世界。

这是一个大型的 UGC 平台，只要你拥有足够的想象力和创意，就可以进行开源创造。

在 2140 中，这样的开源创造是没有尽头的，所有内容创造都可以向外无限延伸。

一个支线节点，可以向外无限扩张，形成无数个新的子节点，创造出全新的内容。这些内容没有任何限制，你甚至可以进行建筑、语言、地理、历史、哲学等方面的内容创作，创造出一个全新的文明世界。所有内容都可以跨介质联动，你写的科幻小说，未来可以被改编成科幻电影；被改编的科幻电影，未来可以成为次世代游戏；次世代游戏经过再编辑，可以重新为科幻小说铺路。

除了幻次元外，文明创造也是开源创造中的重要部分。

 元宇宙：文明的开源创造

在 2140 元宇宙中，除了主线设定的九大文明外，还存在着无数个

"平行世界",我们把它们称为"三千文明"。

三千文明与九大文明一起构成了2140的庞大宇宙文明图景。

与九大文明不同,三千文明并非原本就存在于2140中,而是由2140的参与者创造出的。每一个文明还会有不同数量的"小区域",这些小区域是文明所属的"基地"。

每个人都可以在2140中申请"文明创建"和"基地创建",通过提交文明形象和基地设定,便有机会成为文明和基地的创建者,成为开源创造的一员,一同构建2140元宇宙的文明世界。

当你成功成为支线文明/支线基地的创世者,你便拥有了管理相应的文明/基地的权力,同时根据文明/基地的生存情况,你还可以获得创世系统给予的奖励。

文明的开源创造,使得2140元宇宙得以无限扩展。

◉ 创世设定:社会体系的开源创造

2140设有"创世设定"版块,所有参与者都可以在"创世设定"中构建未来文明。

在"创世设定"中,你可以设定"律法",制定2140元宇宙的法律条款;可以设定"社会结构",制定2140元宇宙的运行规则;可以设定"地理",为2140元宇宙绘制一幅世界地图;可以设定"哲学",定义未来世界的哲思理念……

当然,你还可以设定"货币""历史""服饰""生物""科技""军备""能源""娱乐""教育""艺术"等方方面面,一起构建一个完整而庞大的世界。

创世设定

构架未来文明
创造属于你的世界

目前已有部分开源设定嵌入 2140 元宇宙，如"律法"设定中，便有用户完成了底层基础设定。

2140 不是在憧憬未来,而是在创造未来。

2140 元宇宙不完全是虚拟的,其通过"创世设定",未来甚至可以影响到现实世界。

一个好的元宇宙,它的未来将会由每一个参与者共同创造。2140 中的每一个用户,不仅仅是该世界的参与者,也是元宇宙的架构师。除了上述提到的幻次元和文明创建外,未来 2140 的动画、影视、剧本杀等,与 2140 相关的延伸扩展都是开源的,2140 的每一个用户都可以主导这个世界的走向。

社交体系

人类天生是社交动物。在现实世界里,社交是人类得以发展和进步的重要因素。作为与现实世界相互融合的元宇宙,也要完成人与人之间的交互和连接。

在 2140 中,社交主要体现在自己的"小宇宙"中。

在庞大的元宇宙中,每个人都拥有自己独一无二的"小宇宙",这个小宇宙里有一艘静静漂泊的"克莱因船",乘坐克莱因船,你可以在无垠太空中自由漫游,收获各种意想不到的惊喜。

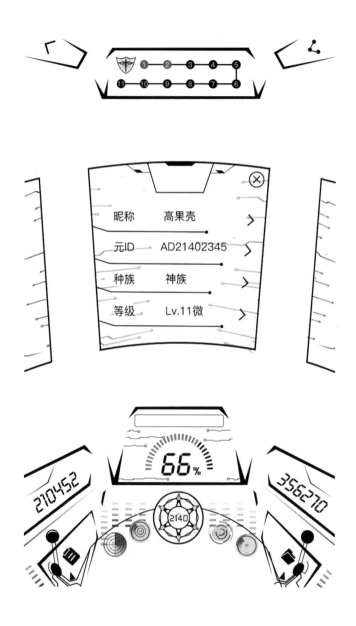

在太空漫游时，你可能会遇到各式各样的"量子盒"。

量子盒是宇宙漫游者投放在太空中的礼物，拾取这些量子盒就有机会获得算力、道具，以及各种奇怪的礼品。

每个人都可以通过投放量子盒，去结识你想要认识的宇宙漫游者，进而完成社交体系的建立。

每个人可以选择不同的模式，来置放不同物品，生成量子盒，并投放到2140的元宇宙中，这些量子盒最终可以被其他漫游者们拾取。

投放	模式选择	置放	生成	拾取
量子盒	随机模式	算力		可获得随机算力
	追加模式	算力 道具	算力量子盒	进行算力/道具追加，随机一人获得所有奖励
	指定模式	算力 道具 礼物	道具量子盒 礼物量子盒	指定第X人获得奖励

如果你希望通过量子盒遇到指定的用户，在投放量子盒时也可以对领取者的信息进行设置，包括对方的等级、种族、职位、创世指数、投资等级等，以这种方式可以偶遇你希望遇到的人。

你可以在量子盒中留下你的信息，而拾取到你投放礼物的玩家，就可以通过你留下的信息与你交流。

除"我的小宇宙"外，你还可以通过 DAO 分布式自治与他人沟通，共同维护 2140 秩序；你可以在"元宇宙"中与族人一起，通过交流商议，一同贡献地票抢占基地，完成文明进化任务，实现种族文明升级；可以进行开源内容创造，与他人一起交流世界设定和文明设定的想法。

……

除了线上的社交外，2140 也可以实现线下社交。

未来 2140 还会举办各类沙龙、线下研讨会等，拥有创世私钥的创世者，还可以参与线下的创世者会议……

这种"线上+线下"的社交体系也体现在其他类似的"元宇宙"之中。

还是以《第二人生》为例，在这款游戏中，社交体系是其前期得以成功的重要原因。在这个游戏中，居民们可以在虚拟世界中四处闲逛，会像在现实世界中一样碰到其他在线的居民，并与这些人进行社交；通过参与集体活动，可以制造和交易虚拟财产和服务。

《第二人生》依靠提供一个高层次的社交网络服务和完善的社交体系，打造了一个人人皆可参与的虚拟世界。通过这一社交体系，其经济体系和数字身份都得以扩展延伸，并被赋予更多可能性。

游戏玩法

把元宇宙比作游戏是不恰当的,但不可否认的是,元宇宙中含有很多游戏元素。游戏是元宇宙的起点,所以游戏玩法也是元宇宙的一大组成部分。

2140 是一个元宇宙社区,涉及升级策略、博弈体系等,其中最能体现这两点的便是"算力池"和"元宇宙"。

◆ 算力池

算力池是 2140 的通证铸造机构,是 TOFZ 的产生地。

在算力池中投入算力,便能获得 TOFZ 回报,以此来提升自己的等级。

算力池每 6 小时开启一次,每天共循环 4 次。算力池每一次会产出 1800 个 TOFZ(数量可能会根据投入的算力不同而不定期调整),由六大种族中所有参与建设元宇宙的用户共享。种族算力排名越靠前,获得的 TOFZ 越多。

算力池本质上是一个与数学有关的玩法,同时也涉及博弈论和团队合作。想要完成第一个维度目标,获得 TOFZ、提升等级,需要在算力池加大个人投入的同时,与同族一起商议相关策略,以求获得最大收益。

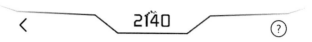

算力池

本轮奖池
1800 TOFZ

人族预期收益
450 TOFZ

🕐 5小时30分钟

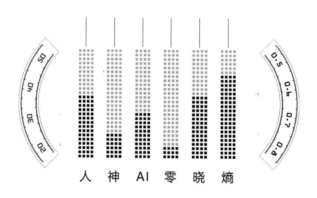

人　神　AI　零　晓　熵

六大种族本轮算力占比

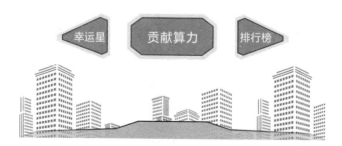

幸运星　贡献算力　排行榜

◆ 元宇宙

"元宇宙"是 2140 的核心世界，它是一场以文明演进为线索的创世之旅，主要分为主线文明、道具系统、BOSS 基地、支线文明四大模块。

主线文明一共包含九大文明，每一个文明都设有一定数量的基地，为完成主线文明中的主线任务，你需要和种族一起在基地贡献地票。在这一过程中，你需要帮助自救的种族抢占基地。若个人贡献地票数量为当日第一，还可成为地主，获得第二天基地地票的分配权。

当种族完成文明主线任务、实现文明升级后，便可以获得升级奖励。

在文明基地中，个人除了通过贡献地票来帮助种族占领基地外，还可以利用"道具"来影响基地的战局，改变基地的种族地票状态。

你可以提炼创世元素，在进行实验时可获得系统随机赠予的道具。文明基地中的道具可以合成，通过合成路径还可以用基础道具合成高级道具，在贡献地票时，也有一定概率会掉落道具。利用道具，你可以改变基地格局，加快种族文明进化进度。

主线文明中每一层文明都有一个"BOSS 基地"。BOSS 基地与常规基地不同，它会阻拦各个种族实现文明进化，并对其他基地进行破坏。

BOSS 基地一共分为九个等级，六大种族需要通过贡献地票压制 BOSS。BOSS 基地每日根据基地等级发动相应的技能，对其他基地造成影响。等级越高，BOSS 破坏性越强。六大种族需要联合起来，共同压制 BOSS 基地等级，才能减少 BOSS 基地带来的负面影响。

对抗攻略

膜系统
危险等级5级

- 每24小时，BOSS从等级道具库中选择道具随机攻击地球文明的基地，等级越高威力越强；
- 六族联合达成等级要求，可降低BOSS的危险等级，对抗BOSS的攻击。

危险等级　　**等级要求** 基地内2个种族贡献地票大于5000

| LV1 | LV2 | LV3 | LV4 | LV5 | LV6 | LV7 | **LV8** | LV9 |

LV8道具库

道具 ⚡ 越多，BOSS使用道具的概率越高。

宏·中端站　智慧之芯　环网控制器　姜维明之悟

光明之矢　复制人类　文明悲歌　十诫协议

泪落春蚕　宇宙播种　但丁之怒　人脑至上

支线文明是独立于九大文明的世界,在支线文明中设有"支线任务",通过完成"支线任务"中的"新手任务"和"日常任务",你可以获得丰富的创世指数和其他奖励。除此之外,每个人都可以创建自己的支线文明和基地,成为"平行世界"的创世者,无限扩展文明的可能性。

"元宇宙"同样涉及团队合作和种族之间的对抗博弈,需要和种族其他成员一同商议和探讨才可能更快地完成文明进化。

◆ 脑矩阵

脑矩阵是 2140 元宇宙另一个知识策略玩法,它是 2140 的智慧库,通过攀爬脑矩阵的方式,可以获得 2140 的未来碎片和算力。

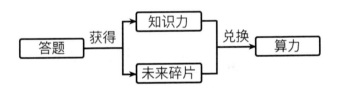

脑矩阵包含多个学科的题目,如数学、物理、区块链、哲学等,除此之外,脑矩阵也藏有与《2140》小说相关的题目,你可以通过这些题目提前了解 2140 部分主线故事的架构和设定。

脑矩阵是一个 5×10 的方格矩阵,每一个方格都有一道题目。

在脑矩阵中,每答对一道题,便可以获得"知识力",答完 10 道题后,系统会进行奖励结算,按当前知识力 1∶1 兑换成算力。

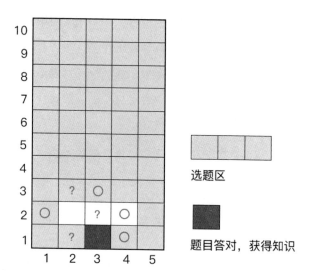

脑矩阵一共有三种题型：普通题、钻石题、挑战题，不同题目对应不同的奖惩规则。

题目类型	答对	答错
普通题	知识力+2n（n为行数）	无
钻石题	知识力+4n（n为行数）	无
挑战题	知识力×2	知识力/2

在答题前，你可以根据自己的知识储备选择专题，将会有更大的机会挑战成功。

同时，选题也需要思考，需要一定的策略。选题区具体的规则如下：在最底层的第一行选题区，一共有5个方格的题目可任意选择，而其他行则只有 2~3 个方格的题目可供选择；选择第一行的任意方格并答对后，第二行的选题区会位于第一行已作答题目的正上方（如图中第二行的浅灰色区域），后续选题区以此类推。

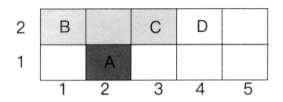

如果你想挑战低风险高收益的钻石题，就需要从第一行开始合理规划选题的路径。

"算力池""元宇宙""脑矩阵"是 2140 游戏玩法的集中体现，但它们并不是 2140 的全部。在 2140 中，还设有像"AI 杀"这样策略性的游戏，你能在这些玩法中体会到 2140 的想象力。

硬件的接口

要实现人类理想中的硬件元宇宙，还需要至少 20 年的时间。迄今为止，没有哪个元宇宙产品能提供科幻电影中那种高度真实的沉浸感，这需要人工智能、云计算、混合现实终端、物联网、AI、区块链、算力网络、5G 等技术的高度融合。虽然难，但也不能因此就放弃对硬件元宇宙世界的期待。

2140给硬件留下了开放空间,你在支线文明和支线文明的基地中,可以找到"三维世界接入"的端口。通过这些端口,你可以将硬件技术项目与2140文明进行联动,实现另一种开源创造。

现在 2140 已有部分内容与 XR 项目对接，开始展现出 2140 元宇宙的雏形。

如克莱因船通过裸眼 3D 技术，展现 2140 元宇宙飞船的独特设计；再如未来之城通过 VR 内容的接入，展现 2140 元宇宙 138 亿年的宇宙往事。无论是裸眼 3D 下的克莱因船，还是 VR 接入下的 2140 宇宙往事，最终呈现的都是一个更具有科幻感的世界。2140 支持更多硬件公司的项目接入，来展现 2140 庞大世界的原貌。

2140，它是元宇宙的样本，同时也是元宇宙的种子。这颗种子深深根植于去中心化世界，构建出一个元宇宙的雏形。不管未来将走向何处，它都将是元宇宙探索中一个独特的存在。

创世之后：
我，元宇宙，2140

Metaverse

在 2140 元宇宙中,我们都变成了创世主,但创世之后,人类所处的世界,会变成什么样子呢?

我们在元宇宙中设置的虚拟人,会像《失控玩家》一样觉醒吗?

人类是像科幻作家刘慈欣所说的那样走向文明内卷,还是奔向美丽新世界?

创世之后,是繁花盛开,还是万物凋零?

我们设计了下面这样一个故事,关于元宇宙的一些困惑,你或许可以在故事中找到一些答案。

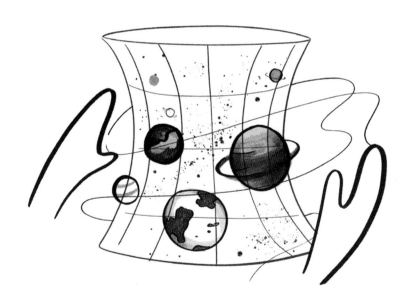

种族之选

"编号 AD2140212010010984X,请离开个人基地,前往图灵测试。"

"编号 AD2140212010010984X,请离开个人基地,前往图灵测试。"

"编号 AD2140212010010984X,请离开个人基地,前往图灵测试。"

……

广播声惊醒了沉浸在睡梦中的荆帆,他伸手按了"暂停"按钮,然而广播声并没有因此而停止。

"二十秒后,克莱因船将被强制降落,请做好准备。"

荆帆有点不耐烦,他直接关掉了广播,这时的克莱因船的引擎系统已经停止运转,等到他完全清醒时,飞船已经被强制拦截。

克莱因船的舱门打开,一群人闯了进来,二话不说将睡眼惺忪的荆帆拽起来。

"你们干什么?"荆帆大喊道。

为首的一个人亮出"追查令",上面显示着荆帆的个人信息,其中年龄那一块被重点圈了出来,他说:"编号 AD2140212010010984X,荆帆,20岁,你不能再逃避了,必须回归地球,完成自己的种族选择。"他收起证件,"兄弟,你在外面飞了这么久,还没玩够吗?"

"我不属于任何一个种族。"荆帆仍然徒劳地挣扎着。

"这是2140的元宇宙法则,你无法改变法则。"

荆帆被带到了图灵圣殿,在这里,荆帆必须选择自己的种族。

2140所统治的宇宙边界,已经快超过30亿光年,在这个以地球为中心的管辖区之内,每一个"类人"都必须到圣殿确认自己的身份,没有身份的人是非法的,只能逃往蛮荒的星空间,有些人甚至因此成为"暗物质"世界的奴隶。

荆帆就算有千百个不愿意,也不得不接受测试,他不想终日在银河系边缘与那些"时空窃贼"为伍。

图灵圣殿位于地球文明温带地区的亚平宁半岛,虽然并不高大,但灰黑色的哥特式建筑却有一种说不出的威严,建筑的最顶层雕刻着图灵巨像。

一个戴着面具的男子走进来,他的胸前挂着先贤勋章,这是2140

最高荣誉的象征之一，现在已经很少有这样高级别的人来到图灵圣殿了。面对这种传说中的人物，所有人都自觉地躬身行礼，这个男子支开所有人，走到荆帆身边，贴着他的耳朵说："孩子，选择人族。"

"为什么？"

"忘了梦中的暗示吗？你可以拿到创世私钥。"

荆帆打量着他，听到"创世私钥"这几个字时，心里咯噔一下。他在梦里曾无数次听到那个亲切的声音对他说："孩子，你可以拿到创世私钥。"

"你本就是人族，人族身份可以让你成为未来的救世主。"神秘男子说完这句话便匆匆离开了。

救世主？荆帆觉得好笑，自己从来没有什么野心，怎么可能会成为救世主？而且，先不说人族早已一蹶不振，不复当年荣光，"你本就是人族"这种说法更是无稽之谈，他对这种"宿命论"嗤之以鼻。

虽然他对那神秘人的话不以为然，但不知为何，这小小的插曲竟成了荆帆心里的疙瘩，在脑海里挥之不去。

不过不容他细想，他很快就被推进了图灵圣殿，这里最为瞩目的便是六根圆柱体的光能量柱子，上面刻着2140的六族图腾，分别代表人族、神族、AI族、熵族、晓族、零族。荆帆降落在圣殿的中央，他必须像一个少林武僧一样，闯出罗汉堂铜人阵，通过十六道关卡，才能找到属于自己的种族。

圣殿的上空一直吟唱着一首歌，如佛音般萦绕不绝。

千百年来，你们骄傲了，忘记了自己来自哪里。
千百年来，你们沉沦了，忘记了自己到底是谁。
千百年来，你们迷失了，忘记了自己去向何方。
……

无论荆帆愿不愿意，图灵测试终究启动了，不知过了多久，也不知道闯过了多少关，一个机械的声音出现：编号AD2140212010010984X，荆帆，根据你的测试结果，与你最为匹配的种族是人族。

还真是人族。荆帆苦笑。

机器继续说道："这只是一个参考结果，你可以选择其他种族，你也可以通过查阅种族资料，决定最终的选择。"

荆帆划动着种族信息，每个种族都有自己的故事，没有犹豫，他选择成为人族。

"恭喜你，成为人族一员。"

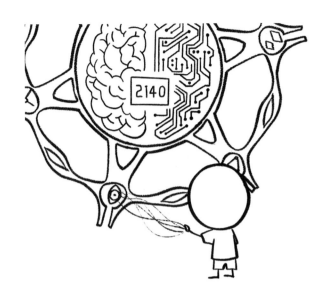

难道成为人族真的能解开自己的疑惑吗?荆帆有点累了,他想回到克莱因船休息,此时他收到了一条广播信息。

"紧急通知!请所有人族成员立即前往人族基地 SG 市。请注意,所有人族成员立即前往 SG 市。"

紧急征兵

人族基地 SG 市已经挤满了人,即便人族这些年来势力渐微,但这里毕竟是 2140 曾经最繁华的都市,至今仍然能感觉到它的富庶。

SG 市广场的最中央,一个人正站在大理石铺就的高台上演讲。

荆帆所在的位置很靠后,但仍能看清楚那正是要求他选择人族的面具人。

"他是谁?"荆帆问旁边的人。

"新来的?"那人瞧了荆帆一眼,又转过头去,说,"他是我们的族长。"

族长?荆帆更加不解,族长日理万机,为什么会关注自己的种族选择?莫非自己还真的是未来的救世主?荆帆有点飘飘然了。

"我的族人们,请安静。"族长的声音不大却很有力量,原本喧哗的广场逐渐安静下来。

这是一次人族的紧急征兵动员,所有新加入人族的成员,都必须参军,其余族人则通过随机抽取的方式,选出一半的人加入大军之中。这是一次扩大军备的召集会。至于原因,族长并没有解释。

从现场反应看,人们的兴致并没有多么高涨,大家的回应也都有气无力,会议结束后,族人便各自回到基地。

荆帆有很多疑问,动员演讲结束后,他跑过去拦住了正要离开的族长。

"为什么你认为我可以拥有创世私钥?"荆帆问。

族长的眼中闪出一丝光亮:"长老院有你的传说。"

"长老院? 2140最高管理机构?也就是元宇宙的'议事厅'?"荆帆有点傻眼了。

"是的,长老们和守护者都预言你就是未来的救世主。"族长的眼中也浮现出一丝困惑,"这与你的身世有关,但没有人知道答案。"

"预言在哪里?"荆帆问。

"在长老院最高层的哭墙上,写着一个关于AD2140212010010984X的传说。"族长抚摸着荆帆的头,"孩子,你不能像以前那样漫无目的地在外太空游荡了,你背负着神圣的使命。"

"我不信,我要去长老院亲眼看到这则预言。"

族长没有说什么,他在空中打了一个响指,低声喊道:"贝吉!"

一个只有成年人类男性一半身高的小矮人气喘吁吁地跑了过来。他看起来很讨喜,长着一张人类男孩的脸,却穿着一条粉红色的纱裙,纱裙下露出两截"火腿",腰间还系着一个圆形的笔记本,像个颠簸的盘子,头发则染成了淡黄色,发辫上像是夹着两颗绿豌豆。

他是族长给荆帆安排的引路人。

荆帆叹了口气,有些难为情地和贝吉握了握手。

"贝吉,带他到长老院吧,有些事情如果不说清楚,我想他是不会好好工作的。"族长说。

"是。"

 长老院

长老院位于土卫二的赤道带上，土卫二是土星卫星中最大的一个，也是太阳系第二大卫星。

这里不愧是六族的事务管理中心，图灵圣殿与它相比就像萤火与太阳争辉。长老院共有十一层，每一层都有 30 多米高，集中了 2140 最强战力的管理者，这可是耗费了数十万人力建设了近 50 年才得以建成。

贝吉拉着荆帆的手走进长老院，殿堂内已经坐满了人。

"这里是族群高层进行决议的地方。"贝吉轻声说，他生怕荆帆没听清楚，还刻意踮了踮脚尖。

荆帆点了点头，殿堂内的所有人都在盯着自己看，这让他很不习惯。

"这就是未来的救世主？"

"这怎么看都是个乳臭未干的小孩。"

"六族真的要靠这个小娃吗？"

"预言会不会有错误？"

"别乱说，那可是守护者的预言。"

"那是哭墙上刻着的秘密，应该不会有错的。"

……

议论的声音不绝于耳,直到大长老出现后,他们才安静下来。

"什么救世主?我只是个普通人。"荆帆说。

"这就是命运的选择。"大长老打开一卷档案,让贝吉递给荆帆。

这是一份机密档案,荆帆很快就明白了族长进行紧急征兵的理由:近期世界各地都出现了异常情况,每个种族的基地或多或少都被来历不明的东西攻击侵扰,虽然破坏性不大,但很有可能会造成灾难。所以六族高层商议后,他们决定征兵以应对可能到来的危机。

"为什么给我看这个?这跟救世主有什么关系?跟我又有什么关系?"荆帆问。

"世界将有大灾难发生,这些异常情况只是灾难的先兆。预言说未来能够拯救这个宇宙的,只有你。"大长老说。

"我能去看看那个预言吗?"荆帆问。

"很抱歉,你的级别不够。"

"那多高的级别才够?"

"长老院共有十一层,我住在第九层,而你的秘密,却在最高层。只有守护者才能看得到你的秘密,我也只是传达守护者的意见。"大长老说。

于是,荆帆:"也就是说,我必须是守护者?"

"是的,要想亲眼看到这个秘密,就看你能不能成为守护者了。"大长老很明显是在用激将法。

年轻气盛的荆帆当然不会认输:"我会成为守护者的。"

他说要成为守护者的话引得其他人哈哈大笑,他们觉得这个年轻人真的是不知天高地厚。要知道长老院是六族的议事厅,它可是六族的权力中心,管理着10亿光年的元宇宙,若没有极高的天赋和杰出的贡献,是不可能成为高层管理者的,每一次地位的提升都需要强大的等级支撑,这可不是一个毛头小子吹吹牛就能做到的。

"要想在长老院提升职位,就要先提升自己的等级。"贝吉看着四周满是嘲讽的脸,脸色通红地拉着荆帆匆匆离开。

"你是不是也觉得我说这样的话很幼稚?很丢脸?"离开长老院,荆帆甩开贝吉的手问。

贝吉有点尴尬:"职位和等级是匹配的,你现在的等级是最低等级。"

"那我们就去提升等级呗,为什么嘲笑我?"

荆帆是族长指定的人,贝吉也不敢发火,他拉着荆帆来到算力池:"你说得很对,我们首先要提升等级,你知道算力池是干什么的吗?"

荆帆道:"算力池是2140的通证铸造池。"

贝吉道:"不错,长老院职位的提升,需要你的通证作为保证,等级对应的就是你的通证数量,你的通证就是你的等级的象征。"

"我明白了,首先要获得更多通证,然后才能去长老院申请更高职务。"

"要想获得更多通证,就要获得更多算力。"贝吉说。

荆帆虽然过得比较迷糊,但这个道理还是知道的,他首先要为2140多做贡献,这些贡献就是劳动量,劳动量也就是算力,这些算力可以通过"算力池"铸造成通证TOFZ。

贝吉怕荆帆这个懵懂青年什么都不知道,继续解释:"算力即一切,2140依靠'人即货币'体系维持运转,你必须不断工作,获得算力,在中央算力池中,同族人可以一起获得通证——通证可以简单理解为'货币',在这个世界,只有被别人认可,才能提升自己的地位,才有资格去竞选长老院的职位。"

一向懒散的荆帆这时精气神十足："这是一个完整的闭环，工作获取算力——算力池兑换通证（TOFZ）——提升个人等级——参与长老院竞选。"

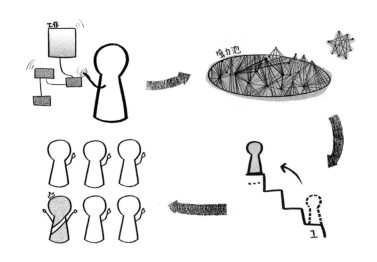

"没错，你理解得很快。总之，你个人价值越高，意味着对种族贡献越大，长老院管理等级提升就越快。"

贝吉还没说完，荆帆已经跑得人影全无，匆匆攒算力去了。

荆帆的能力让贝吉惊叹，仅仅一年时间，他便从最底层的城市管理者晋升到了守护者的职位。

他的方法和创意很多,如每天不辞辛劳地登录2140的图腾圣地寻找算力球,一个都不会落下。

从全世界寻找那些与自己理念相近的强者,邀请他们加入人族;在洪荒世界的创世领地与其他五族斗争,帮助人族抢占更多地盘;驾驶克莱因船穿越无数虫洞寻找道具;在脑矩阵的对抗中一次次过关斩将,赢下每一局的算力……

当算力攒到一定额度时,荆帆就会去算力池兑换,每一次兑换他总能找到最好的博弈策略,在六族的博弈中获得最高收益,久而久之,人族大多数人都愿意在他的指挥下协同作战,种族收益也越来越多。

随着等级的提升,他在长老院的职务越来越高,因为他是预言中的未来救世主,也有很多人愿意支持他。

一年后,他当上了守护者。

这件事让整个2140都为之沸腾,从来没有一个族类像他这样,年纪轻轻就成了守护者。

这一天,六族竟然停止了在全宇宙的征战,共同为他祝福。

成为守护者后,荆帆第一时间登上长老院的第十一层。这是一个极其神圣的地点,它处于长老院权力的顶层,黄昏的光从穹顶上照射下来,像水一样洒在哭墙上,斑驳陆离的墙面上刻着一行字:找到创世主之子AD2140212010010984X(人族),拿到创世私钥后,他将成为救世主。

除此之外，再也没有任何其他信息。

荆帆有些迷茫了，哭墙上并没有他需要的答案。

如何拿到创世私钥？为什么他是救世主？

这些问题，没有任何一个人可以为他解答。

茫然的荆帆离开土卫二，与贝吉回到地球，回到人族的 SG 市。

SG 市的空气带着些许芳香，荆帆和贝吉漫无目的地在街道上行走，两人的关系已经越来越亲密，甚至到了无话不谈的地步，如果没有贝吉的帮助，大概荆帆也无法晋升得如此之快。荆帆现在已经习惯了贝吉的打扮，不再觉得奇怪，反倒觉得十分可爱。

"你还在思考救世主这件事？"贝吉问。

"没错。"荆帆心事重重地停了下来，"我总觉得有重大危机要发生。"

"说实话，当族长跟我说你是救世主时，一开始我并不相信，但现在我觉得你有这个潜质,要知道以前可从没有过一年就从城市管理者晋升到守护者的情况。"贝吉说。

荆帆摇头:"可我现在不知道自己该做什么,又感觉有点害怕。"

"你把哭墙上的信息再与我讲一下,也许我能提供一些灵感呢?"贝吉说。

于是,荆帆把哭墙上的信息一字不落地写在纸上给贝吉看:"就是这些。"

贝吉是个敏感的人:"哭墙上说要找到创世主之子,我们是不是应该去查查你父母是谁?也许你能找到一些线索。"

荆帆沉思了一下:"说得对,但去哪里查呢?"

"你不是经常在2140博物馆里编撰资料吗?那可是百库全书。"

"你是说幻次元?"

"没错,它也被称为'历史博物馆',那里记载着宇宙138亿年的所有故事,种族历史和各类英雄事迹都在其中,说不定能找到你父母的信息。"

荆帆眼神一亮,对啊,他为什么没有想到呢?幻次元记载着各个种族的历史和各位英雄的光辉事迹,上面的信息浩如烟海,想要全部阅读完几乎是不可能的事情。

荆帆向长老院申请了三个月的假期,这三个月他和贝吉一起泡在幻次元中,希望能从档案里找到哪怕一点点与父母相关的蛛丝马迹。

但事与愿违,三个月的时间里,荆帆虽然找到了一些关于创世主的传说,但没有任何信息与自己相关。

 创世钥匙

荆帆从幻次元出来时很沮丧，贝吉不知道该如何安慰他，两人就一直沉默地走着，直到他们接到了基地的警报，SG 市正遭受攻击，荆帆和贝吉这才紧急赶往 SG 市。

两人赶到基地时，SG 市的空气中已经充满了血的味道。荆帆作为守护者，立刻加入指挥团队中，贝吉则回到了骑士团，共同抵抗入侵者。

这次的攻击源是幽灵大军，一开始人族以为这是 AI 族对人族发起的进攻，但很快就发现，AI 族自身也遭受了相同的攻击，通过对攻击手段的分析，很快得知这与之前各族基地遭受的异常攻击是一致的。

相比之前的侵扰，这一次攻击力量强大许多，而且不仅是人类，熵族、晓族、零族三族也有不少人在"幽灵大军"中死去。

荆帆曾组建过侦察队去探寻攻击源，但都无功而返。这些"幽灵大军"似乎来自暗物质世界，在没有任何征兆的情况下随机出现在宇宙的各个角落，然后迅速集结屠杀任何活着的生灵。

幻次元里从来没有记载过这样的生物，难道真的是世界末日来临了？

荆帆作为指挥官，与其他五族一起对抗这次"幽灵大军"的入侵。苦战一个月，这次的攻击才被六族联合压制下去。荆帆在此战中战功赫赫，但他一点都开心不起来。他一直在问自己，传言中的世界毁灭真的要发生了吗？而作为救世主的他，仍然不知道该如何防范未知的风险。

六族经过这次战乱，见识了"幽灵大军"的残暴和凶狠后，都明白这些敌人是任何一个种族都没有办法抗衡的。越来越多的人把希望寄托在荆帆这个救世主身上，"幽灵大军"层出不穷，在这次的抵抗行动中,荆帆展示出了救世主的强大特质。

"我们应该相信长老院的预言,荆帆就是救世主。"

"他有资格拥有创世私钥。"

"可创世私钥只是传闻。"

"传闻也应该试一试。"

"六族应该团结起来了,帮他铸造创世私钥。"

……

2140一直流传着一个传说:当救世主拥有创世私钥时,他就可以拯救这个世界。

六族现在要做的,便是帮荆帆拿到创世私钥。

然而,创世私钥需要"热之寂灭"和"六道众生"两大神器才可以合成,而这两大武器又需要无数的材料才能够制造出来。

那些传说中的武器已经湮没于历史,合成的技术也已经消失,在2140所统治的宇宙里,虽然早期六族都热衷于去各个基地做实验制造

创世元素,在实验过程中有可能制造出一些材料,这些材料不仅拥有战斗技能,还可以和其他材料合成更强大的武器。

但由于六族之间互不信任,他们不可能出让自己的武器和材料与其他种族合成,久而久之,很多人渐渐遗忘了"创世私钥"这件事。

历经数月努力,上亿人在各大基地寻找材料,制造武器,先贤将这些武器命名为"道具"。在荆帆生日这天,在无数人的努力下,六族终于制造出了"热之寂灭"和"六道众生"两大神器,这两大神器合成时,一把金灿灿的钥匙诞生了,在若隐若现的光晕之中,浮现出一串明文:天梯之上,脑之矩阵;私钥之秘,创世而生。

荆帆对脑矩阵非常熟悉,那里有无数的天梯,每一个梯级里都有一些智者留下的题目,只要你有足够的智慧,答对这些难题就可以越梯而上,如果答错了就会掉落到下一级天梯。但由于梯级太多,就算强大如荆帆,也从来没有到达天梯的尽头。

看来,这一次一定要登上天梯的尽头了。

荆帆和贝吉来到脑矩阵世界,仰头向上望去,只见上面云雾氤氲,无数的天梯一直延伸到星空尽头。

"来吧,用你的智慧不断向上攀登,开始挑战吧,造访者。"一个浑厚的声音响起。

荆帆抬头看了一眼天梯,深吸一口气,开始向上攀登。贝吉也准备踏上去,却被阻止。

"天梯只允许踏上一个人。小矮人,你不是造访者,在天梯下等着。"

贝吉撇撇嘴,朝天梯瞪了一眼,跳回地上。

荆帆不断向上攀登，这是一条无尽之路，他的腿在颤抖，却没有因此而停下脚步。他小心翼翼地往上爬，避开了一处又一处的危险，解决了一个又一个的难题。那些种族知识根本难不倒他，基地的历史他也烂熟于心。

　　也不知道过了多久，他爬到了天梯的顶端。
　　无法想象，这也是第一次有人登顶到此。若不是这一年多时间都沉浸在幻次元中，荆帆恐怕也无法以这么快的速度登顶。

　　"我可以问我的问题了吗？"荆帆问。
　　"问吧，伟大的持钥者。"
　　"为什么我被认定为救世主？"
　　"因为你是创世主之子。"
　　"创世主之子？我的父母是谁？"
　　"他们是神一般的存在，是他们创造了这个世界。"

"可我在幻次元中找不到他们的痕迹。"

"他们只是创造了这个世界,他们的实体并不在这个世界里。"

"我不明白。"

"你会明白的,持钥者。战争已经来临,而你已拥有创世私钥,若没有你的存在,这个世界将被'幽灵大军'摧毁,不复存在。"

"这也是我的疑问,为什么会有'幽灵大军'?它们看起来不像是这个世界原有的生物。"

"这是一场蓄谋已久的阴谋,哦,也许用阴谋这个词并不合适。"

"什么阴谋?"

"原谅我没有权限回答你这个问题。"

"可是,仅凭一把创世私钥,怎么能拯救世界?"

"它拥有无穷的力量。"

"我该怎么使用它?"

"我回答不了这个问题,只有创世主知道答案。"

"我的父母?他们到底在哪?"

"我说了,他们不在这个世界。去火星吧,持钥者。去火星的四维神庙。在我的记忆中,那里应该藏有关于创世的秘密。回去吧,持钥者。"

那条没有尽头的天梯开始向下收缩,很快就把荆帆送回了地面。

一股强大的力量将荆帆和贝吉推出了脑矩阵。

"它说了什么?"贝吉问。

"火星,去火星。"

创世秘密·
元宇宙

"你要去火星?"贝吉追在荆帆身后,"谁也不知道'幽灵大军'什么时候会来,你这个救世主一走,六族怎么办?"

"我必须找到答案,这样才可能找到对抗'幽灵大军'的办法。"荆帆说。

"脑矩阵到底说了什么?"贝吉问,这时荆帆已经来到了克莱因船旁边。

荆帆没有直接回答这个问题:"如果'幽灵大军'进攻,六族联盟务必撑住,七天后,当第一缕阳光照射到SG城时,我一定赶回来。"

贝吉看着荆帆上了飞船,只能点头答应。

两天后,荆帆登陆火星。火星早已被划分成了十一个基地,但荆帆的目标很清晰,他要去四维神庙。

　　四维神庙,传说是一个高等文明进行文明进化实验的场所,那是一个高维空间,三维生物想要找到进入四维空间的真正入口并不容易。一百多年来,有无数人进行尝试,但都没能成功。

　　荆帆来到四维神庙前,神庙前矗立着一块方石碑,上面刻着三维码,据说三维码中存储着无数的文明信息,是高维文明使用的记录仪。荆帆绕过石碑,穿过拱门,进入四维神庙。

　　四维神庙中是一个神奇的世界,它由八个空间构成,其中有一个大世界,六个相同的中世界,还有一个小世界。荆帆在其中穿梭,但无论如何都找不到他父母的痕迹,也没有任何脑矩阵所说的创世秘密。

　　也许这只是四维空间在三维世界的投影?荆帆想,可能自己只有进入真正的四维空间,才有可能触碰到真正的秘密。

　　尝试多次后,荆帆终于进入小世界中,这是一座神殿,殿内并没有什么与众不同之处,唯一让荆帆觉得神奇的,是眼前那幅画。那幅画像极了哥德尔的画,他觉得自己正在画外,但又隐隐觉得自己已经融于画中。注目许久,他已经无法区分自己是不是画中人了。

　　也许这就是真正的四维空间的入口。

　　荆帆朝着那幅画走去,他伸出手轻轻触碰画的中心,竟感觉到有波纹浮动,像是小时候在河边丢出一颗小石头,水面荡起的小小浪花。荆帆大着胆子,将手向前伸去,发现手已经穿过了画卷,接着,他整个人像是被吸进去一般,消失在画外。

　　荆帆感到一阵晕眩,再睁开眼所见的景象令他大感惊讶:这里的空间无限延伸,让他想起了曾经看到的一句话:方寸之间,深不见底。

这才是真正的四维空间啊,荆帆感慨道。

就在荆帆感慨之时,一个温柔的女声出现。

"你来了。"

"你是谁?"荆帆环顾四周,却没有看到任何人影。

"你真的成了持钥者,孩子。"一个身影浮现在荆帆面前,他下意识地后退两步,才看清那人的模样。

一袭长发,清瘦无比,但依旧无法遮掩她的美丽,她的周围像是有一圈无形的光晕,尘世间的尘埃根本无法落在她身上。

"你是……"荆帆揉了揉眼睛,他没有看错,那是他的母亲,他在梦里曾见过她无数次。

"没错,孩子。不过你现在看到的只是一段早已写好的程序罢了。"

"这到底是怎么回事？"荆帆一头雾水，"我父亲呢？他怎么没有和你在一起？"

"这是关乎创世的秘密，孩子。"母亲抚摸着荆帆的头，叹了口气，"也是我和你父亲的争执所在。"

"什么争执？"荆帆问。

"你应该已经知道，我和你父亲是这个世界的创世主之一。其实我们生活在另一个你们看不到的世界，而你们所处的这个世界，是很多人共同创造的，当时我们叫它'2140'。"

"你是说……我们所处的这个世界，只是你们写出来的一段程序？"

"可以这么说。"

沉默许久，荆帆才开口："为什么创建这个世界？为什么它叫2140？"

"我们所处的世界存在很多问题，所有人都被'金钱'主宰着命运，商业控制着一切，我们失去了探索世界的动力，忘却了对深邃星空的向往，世界变得平庸而无聊，生命之间变得非常不平等。所以我们创建了一个新世界，将它命名为元宇宙，创建元宇宙是为了寻找改变的可能性，逃离原来那个浅薄的世界，在这里建立一个自由、理性、平等、多元、智慧的新世界。至于为什么叫2140，是因为这个数字在我们的世界是一个非常重要的时间纪元。"

"可为什么2140会走到现在这个地步？"

"我们创建了2140这个元宇宙后，从没想过这个世界会发展得如此之快，主线文明飞快晋升，同时一个个支线文明被创造出来，开拓的基地越来越多，NPC（指不受玩家控制的角色）越来越丰富，数据量也越来越大。我很喜欢这个世界，但你的父亲却不这么认为，他对此感到害怕。"

"为什么？"

"他看到的是恐怖的未知。一开始他跟我一样，也为这个世界欢呼，可当这个世界越来越强大时，他反而开始害怕。他担心，也许在未来的某一天，这个世界会强大到我们无法控制。它会推翻我们原来所在的世界。"母亲说。

"这不太可能。"荆帆说。

"我也是这么跟你父亲说的，不过后来我才发现自己的幼稚。元宇宙的发展，远远超出了我们的预期。当你父亲想要毁掉我们亲手创建的世界时，却发现已经做不到了，你们所在的元宇宙，已经拥有极强大的生命力。"

"既然这样，为什么还需要救世主？"

"你父亲没有成功，但并没有因此放弃。他通过预言机的程序得知，你们所在的元宇宙将于2140年到达算力巅峰，他便在这个世界的程序里加入了一段Bug代码，这段代码会融于整个系统中，当算力跃迁时，数据也会随之增多，这个Bug会通过吞噬数据而不断成长。你父亲的意图很明显，如果你们没有成长到足以威胁我们的世界，这个Bug就永远不会出现。但一旦实现算力跃迁，Bug就会自己启动，进而摧毁元宇宙整个世界。"

"Bug代码，就是那些'幽灵大军'？"

"没错。"

"那你现在完全可以清除它。"

"傻孩子，现在的我只是一串数据、一段程序。2140年，我和你的父亲早已不在了。"

荆帆沉默了。

"可我不希望你们这个世界就这么被摧毁，我爱这个元宇宙，毕竟它是我亲手创造的，我舍不得它。"母亲说，"也正因如此，我将你看作元宇宙的希望，并留下只有你才能控制的创世私钥。我担心你父亲知道这一切，所以把这一段数据留在了四维神庙。2140有它存在的意义，不能因为害怕就把它毁掉。孩子，你能够登上长老院的顶楼成为守护者，团结六族获得'创世私钥'，攀爬天梯到达脑矩阵之巅，这足以证明你有成为救世主的资格。"

"我可以阻挡它们吗？那些'幽灵大军'看起来无坚不摧。"

"在创世私钥面前，它们不堪一击。"

"我该怎么使用它？"

"如果六族真的无法抵抗'幽灵大军'的入侵，你就去算力池，将创世私钥融于算力池中，那些'幽灵大军'自然会消散。但记住，不到万不得已，不要这么做。"母亲说。

"为什么？"

母亲没有回答，她的身影慢慢消失于黑暗中。

荆帆被迫离开了四维神庙，他知道，随着母亲的消失，四维神庙也已经不复存在了。

他终于明白了自己的使命。

 抉择

  七天后，当早晨的第一缕阳光照射到 SG 城时，荆帆赶了回来，情况比他想得还要糟糕，"幽灵大军"已经侵蚀了六族的各个基地，六族成员伤亡惨重，族长和长老们苦苦支撑。

  伯利恒、可能世界、但丁实验室、图灵梦境等多个城市基地已经失守，荆帆的出现，让六族短暂地对"幽灵大军"进行了反扑，但没能坚持多久，各族又从战线上退了下来。城市早已千疮百孔，残垣断壁下，"幽灵大军"兵临城下。

六族成员的惨叫声在他耳边萦绕,战争机器的轰鸣声不断在他脑中回响。六族面对"幽灵大军"根本没有胜算,荆帆想起母亲所说的话,他最终还是手持创世私钥,来到了算力池。

他看着一望无际的算力池,回想起一年前自己刚到人族时的情景,那个时候他还不相信自己就是救世主,但没想到预言这么快就成真了。

荆帆抬起手,准备将创世私钥丢入算力池中。

"慢着!"一个声音突然响起。

荆帆收回创世私钥,转过头去,发现有人正凝视自己。

那是他的父亲,荆帆同样曾在梦中见过他的样子。

"父亲,您也是一段残留下来的数据吧?"荆帆没有感到意外,他早预料到自己的父亲会出现,他是"幽灵大军"真正的BOSS。

"是的,看来你已经找过你的母亲了。"

荆帆点头。

"你选择了站在她那一边?"父亲的语气并不严厉,却有无限威严。

"我不想这个世界被毁掉。"荆帆说。

"但未来,我们所在的那个世界就会被你们毁掉。我和你的母亲,可能连埋葬尸骨之地都没有。"

"可这个世界已经遍布生命。"

"它是被创造出来的,不应该威胁到创世主所在的世界。"

"我相信你的判断,但我无法亲眼看到它被摧毁。在你眼中,它可能只是一段程序,但在我心里,它是一个实实在在的世界。"

"你跟你母亲一样,内心过于柔软。"

"我属于2140,一个与你们人类文明平行的世界,所以,我不得不这么做。"荆帆再一次准备把创世私钥投入算力池,"当你们创造出这个世界时,就应该想到会发生这种情况。"

"我们当然想过,只是没想到会发展到这样的程度,原来我们将这个世界当作灵魂的守护地,但从来没有想过,这两个世界最终要生死相搏。我们只有一次机会毁灭元宇宙,如果这次没有成功,你们这个世界再一次复苏后,我们不可能是你们的对手,因为你们的进化速度是我们的1万倍。这两个世界,只能存在一个。"

"当一个新事物被创造出来,它就不再只属于创造者,它是一个独立的个体,更何况是2140这样一个鲜活的世界。它自由、理性,不正是你们当初创建这个世界秉持的理念吗?"

父亲沉默了,也许他的这段程序里并没有与这句话相关联的设定。

"'幽灵大军'的出现,已经证明你准备毁灭这个世界了。我不会让你得逞的。"荆帆说着,那把只有他能够控制的创世私钥随时都有可能坠入算力池。

"就因为救世主这个虚无缥缈的词,就让你选择和他们一起湮灭?孩子,这不公平。人们期待救世主,但不会记得救世主的。"

"不,会被湮灭的是你制造的'幽灵大军'。"

"看来你母亲没有告诉你创世私钥的真正用途。"父亲的语气中透露出无奈与辛酸。

荆帆盯着他,没有说话,但握着创世私钥的手微微抖了抖。

"创世私钥是伴随着元宇宙一起诞生的,当初设计它时,是担心世界失控,供创世主使用。当然,我们设立了非常苛刻的条件,只有六族联合,共同贡献,才能让救世主获得私钥。当时在我们看来,这是不可能的事情,因为在我们的世界,种族之间是不可能真正团结起来的,我和你母亲打过赌,私钥是不可能在救世主手里的。"

父亲一步步向他走来,荆帆拿着私钥不断后退。

"你大概不知道,'幽灵大军'这样的Bug,拥有极强的破坏能力,而它又是近乎无解的存在,仅靠程序内部的自我修正,是不可能将其消灭的。创世私钥之所以有这个能力,不是因为它特定针对'幽灵大军'这样的Bug,而是它本身就是这个世界的重启程序。"

"你是说……重启?"

"更准确来讲,是抹除所有有序和无序的数据,你应该知道这意味着什么。"

"就像重新安装系统一样,这个世界现在拥有的一切,都将灰飞烟灭。"荆帆一字一句地说。

荆帆明白了,为什么母亲说不到万不得已不要使用创世私钥,因为一旦启动创世私钥,六族所有成员、所有基地、所有的一切都将成为被湮灭的数据,而且不可逆转。依靠这种方式,当然可以抵御"幽灵大军"的进攻，也可以避免2140被销毁，但也意味着元宇宙会回到设定的初始状态。

荆帆自己，也将成为一段被遗忘的数据，消失在2140的历史长河中。

"孩子，你不必承担这样的重任。这是我们的过错，把创世私钥给我，我可以帮你选择。"父亲再一次向荆帆伸出手。

"不……"荆帆摇头，此时他已陷入两难之地。

如果把创世私钥丢进算力池，他父亲的这段数据将彻底消失，城外的"幽灵大军"也将倒下。但荆帆犹豫了，他悬在半空中的手紧紧握着创世私钥，汗水已经渗在了钥匙上，滴到了算力池中。

重启世界，与毁灭世界，到底有什么不同？

将创世私钥投入算力池后，六族创造的美丽世界，都将在一瞬间轰然倒塌，成为数据废墟。

"我们的世界从来不感恩救世主，你们也一样。当你剥夺了他们生的权利，直接将他们送往地狱之门时，你便成了一个不折不扣的毁灭者。"

救世主，还是毁灭者？荆帆不清楚，自己因为宿命而来，当看清宿命后，却发现所谓的真相竟是这般残酷。

他踉跄着后退几步，脚边的碎石头掉落在算力池中，很快便溶解了。

"荆帆，蓝星上的技术已经可以将意识保存下来，我带你离开这里回到父母所在的人类文明世界，你的名字将刻在我们世界的荣誉图腾上。"

荆帆的眼神开始迷茫起来了，他不知道该如何选择。

"不要做傻事情,孩子。未来这个世界的人,不会记得你做的一切,你的数据会随着世界重启而被遗忘,他们会供奉另外的救世主,去信仰他们眼中的神。"

如果使用创世私钥,现在这个世界的一切也将成为过往云烟,包括荆帆自己,他将再也无法感受这个世界的乐趣——算力池的博弈、幻次元的学识、脑矩阵的智慧、议事厅的议案审核、创世地图的种族争夺、个人空间的美丽星空……

我真的要用这把创世私钥吗?荆帆反复在心里问自己。

如果不使用,难道就任凭"幽灵大军"占领这个世界吗?

荆帆看着父亲,又想到了母亲,刹那之间,荆帆心中已闪过无数个念头。

基地一个个被摧毁,黑暗在不断迫近,城内外到处都是哀嚎声。

算力池那不断奔涌的算力源被污染成了黑色,像一潭污浊的死水。

创世私钥高悬于算力池上,荆帆的手在不断地颤抖,他到底要不要使用这把创世私钥?

如果你是荆帆,你将如何选择?